Freundinnen – Geschichten und Gedichte von Frauen

Geschichten

und Gedichte

von Frauen

# Freundinnen

Pattloch

# Inhalt

## 1 Einer Freundin begegnen

# 2 Stimmen der Freundschaft

# 3 Abschiede und Erinnerungen

Ich fühlte mich geborgen, als ich mit dir sprach.

Emily Dickinson

## Vorwort

Freundinnen – sie gehören zu den wichtigsten
Menschen in unserem Leben.

Briefe, Kurzgeschichten, Gespräche, Gedichte
und längere Abschnitte aus Romanen von Frauen
erzählen von einer ganz besonderen Beziehung,
von der ersten Begegnung, den Gemeinsamkeiten –
und manchmal auch vom Auseinandergehen
und dem leisen Verklingen einer Freundschaft.

Dieses Buch zeigt Frauen,
wie sie uns prägen und begleiten,
wie wir ihnen vertrauen,
mit ihnen reden und von ihnen sprechen.

Manche Leute wenden
sich dem Priester zu,
andere der Dichtung,
ich meinen Freunden.

Virginia Woolf

Wenn es Menschen gibt,
die sich mit einem freuen,
wird die Freude noch um ein Vielfaches größer.

Christa Moll

# 1

# Einer Freundin begegnen

Dora Heldt

## Meine erste Freundin

1968 war das Jahr, das mein Leben veränderte. Es hatte nichts mit dem Attentat auf Dutschke zu tun, nichts mit den Olympischen Spielen in Mexiko und auch nichts mit der Tatsache, dass der 1. FC Nürnberg Deutscher Fußballmeister wurde und der 11-jährige Heintje seine erste Langspielplatte veröffentlichte. Das Wichtigste war etwas anderes: Ich wurde eingeschult und meine drei größten Wünsche erfüllten sich.

Der erste Wunsch war ein Paar rote Lackschuhe, vorne mit kleinen Löchern, hinten mit Riemchen. Ich hatte sie in einem Schuhgeschäft gesehen und wollte nicht mehr ohne sie leben. Meine Mutter sah das anders. Sie legte Wert auf vernünftiges Schuhwerk, geschlossene Schuhe mit ordentlichem Fußbett, sie hatte Fotos von deformierten Kinderfüßen gesehen, von denen sie wahrscheinlich nachts träumte. Ihr Gegenvorschlag bestand aus einem Paar hellroter Hush Puppies aus Wildleder zum Schnüren. Ich weigerte mich, sie anzuprobieren, und heulte, sie verließ mit mir entnervt das Schuhgeschäft.

Der zweite Wunsch war eine kleine Schwester. Einen kleinen Bruder hatte ich bereits, der leider nicht das hielt, was man mir drei Jahre zuvor versprochen hatte. Ich fand ihn wahnsinnig langweilig und konnte nicht viel mit ihm anfangen. Ich setzte also alle Hoffnungen auf eine Schwester, die Chancen standen zu dem Zeitpunkt 50:50, meine Mutter war zumindest schwanger.

Den dritten Wunsch hatte ich niemandem erzählt. Ich wünschte mir eine Freundin, eine ganz für mich allein. Meine Mutter hatte so eine. Sie nannte sie Inge-Berg-Gartenzwerg, obwohl Tante Inge schon groß war. Es gab ein Bild von ihrer Einschulung, darauf sahen sie genau gleich aus und hielten sich an den Händen. Das wollte ich auch.

Meine Einschulung war am 8. August, drei Wochen vorher drohte die Stimmung zu Hause zu eskalieren. Ich hatte einen weißen Faltenrock und eine dunkelblaue Clubjacke bekommen. Das war zwar alles schön, ich wollte es aber nur mit diesen roten Lackschuhen anziehen. Zumal ich schon auf den roten Schulranzen verzichten musste, meiner war braun. Meine Oma hatte gesagt, ich könnte ihn sowieso nicht sehen, weil er ja auf dem Rücken hing. Das sah ich ein, blieb das Problem mit den Schuhen, meine Füße sah ich nun mal.

Also marschierte meine schwangere Mutter mit ihrem renitenten Kind durch die Flensburger Innenstadt. Es gab sechs Schuhgeschäfte, die besagten Lackschuhe standen im zweiten Laden, in dem wir waren. Im dritten und vierten Geschäft verweigerte ich jegliche Anprobe, im fünften kamen die Tränen und im sechsten wollte ich nicht mehr eingeschult werden. Kurz vor Feierabend waren wir wieder im zweiten Laden, ich probierte mit verheultem Gesicht die schönsten Schuhe der Welt an. Ich log auf die Frage, ob sie gut passten, sie drückten wie verrückt, aber ich bekam sie. Ich war selig.

Am Abend vor der Einschulung war mir furchtbar schlecht. Ob es die Aufregung oder der Toast Hawaii zu besonderen Anlässen war, weiß ich nicht mehr, nur dass ich mich die ganze Nacht übergeben musste. Morgens war ich übermüdet, mir war übel und meine Schuhe drückten. Als wir auf dem Schulhof standen und ich all die anderen Kinder sah, von denen ich keines kannte, wurde mir noch übler. Dann löste meine Mutter ihre Hand aus meiner und schob mich nach vorn. Wir mussten uns alle in eine Reihe stellen, ich starrte auf den Boden, damit niemand meine Tränen sah, und bemerkte, dass alle anderen Mädchen schwarze oder dunkelblaue Schuhe trugen, geschlossene Schuhe ohne Lack. Ich musste meine Zehen krümmen, damit die Schuhe nicht so doll drückten, und war verzweifelt. Danach gingen wir in unsere Klassen. Auf der Treppe entstand ein kleines Durcheinander, das die Reihenfolge änderte. Mein Blick war immer noch auf den Boden gerichtet und plötzlich sah ich sie. Ein zweites Paar roter Lackschuhe. Mein Herz schlug schneller. Über den Schuhen waren weiße Kniestrümpfe, dann ein weißer Faltenrock und eine dunkelblaue Clubjacke. Wir sahen genau gleich aus! Das Mädchen sah mich an, sie lächelte schüchtern und wartete auf mich.

Als wir nebeneinanderstanden, merkte ich, dass sie einen halben Kopf kleiner und gelbblond war. Aber sonst sahen wir gleich aus, fand ich. Im Klassenraum setzten wir uns zusammen in die dritte Reihe. Sie sagte, sie heiße Linda Liebe, ich hatte noch nie jemanden mit so einem schönen Namen kennengelernt. Ich war sehr glücklich.

Lindas Vater war Schlachter, sie sagte Metzger, sie kam aus dem Rheinland und redete anders als ich, was sich sehr schön anhörte. Mein Schulweg führte an dem Laden vorbei, Linda saß jeden Morgen auf der Treppe und wartete auf mich. Wir erzählten uns alles. Sie hatte eine große Schwester, die ganz gemein war, Linda musste immer ihre abgelegten Sachen auftragen, die sie alle nicht leiden mochte. Ich schenkte ihr meinen gelben Pullover, sie musste die Ärmel hochkrempeln, weil ich viel größer war, aber sie sah trotzdem schön darin aus. In den Ferien fuhr ich zu meiner Oma, Linda blieb zu Hause, ich dachte, ich müsste sterben. Als die Schule wieder anfing, freute ich mich furchtbar. Ich hatte meine erste Barbiepuppe bekommen, die ich ihr ganz stolz zeigte. Linda war allerdings auf einmal ganz komisch. Sie fand Barbies doof, sie hatte eine Schildkrötpuppe, die Klaus hieß. Das fand ich komisch. Klaus hatte Zöpfe.

Trotzdem blieb sie meine beste Freundin. Wir gingen den Schulweg jeden Tag zusammen, manchmal Hand in Hand. Irgendwann schob Linda ihre Hände in ihre Anoraktasche, sie sagte, wir seien doch keine Babys mehr, die nicht alleine laufen können. Ich war ein bisschen traurig, aber sie hatte ja recht.

Wir spielten auch nicht mehr mit Puppen, Klaus sei zu schade für Barbies. Dafür spielten wir Gummitwist und Himmel und Hölle. Aber manchmal fand ich Linda verändert.

Plötzlich fand sie ihre große Schwester toll. Die machte mit ihr jetzt jeden Tag Schularbeiten, ihre Eltern hatten durch das Geschäft wenig Zeit.

Ein halbes Jahr später wurde mein Vater versetzt Wir zogen von Flensburg nach Hamburg. Ich war sehr traurig und hatte Angst davor, es Linda zu erzählen. Schließlich begleitete mich meine Mutter zu Familie Liebe. Unsere Mütter setzten sich in die Küche und tranken Kaffee mit Schlagsahne, Linda und ich setzten uns auf die Stufen vor dem Ladeneingang Ich suchte verzweifelt nach Worten und fing an zu weinen. Linda sah mich interessiert an. Irgendwann stieß ich Worte wie Umziehen, Hamburg und andere Schule hervor. Mir brach dabei das Herz, Linda pulte am Schorf auf ihren Knien. Nach einer Weile kamen unsere Mütter aus dem Haus. Meine Mutter gab mir ein Taschentuch und strich mir über den Rücken. Während sie sich von Frau Liebe verabschiedete, rannte Linda in den Laden.

Langsam ging ich neben meiner Mutter los, doch plötzlich stand Linda wieder vor mir. In der Hand hielt sie ein Würstchen. »Da«, sagte sie und streckte es mir entgegen, »ein Wiener. Und wenn ich in der zweiten Klasse bin, schreibe ich dir.« Ich habe das Würstchen auf dem Heimweg gegessen und es hat mich getröstet.

Mein dritter Wunsch wurde übrigens auch erfüllt. Meine Mutter bekam zwei Monate später ein Mädchen. Ines. Meine kleine Schwester.

Einen Brief von Linda Liebe habe ich jedoch nie bekommen. Dafür denke ich bei jedem kalten Würstchen an meine roten Lackschuhe. Und an meine erste Freundin.

## Anonyma
## Eine wie Du

*30. August 2008*

*Du, most gracious and adored Miss Moore,*
*wie gerne ich dich mag,*
*du gehst mit mir auf Stöckelschuhen,*
*ein Prosecco-Glas in der Hand,*
*augenzwinkernd durch das Leben.*
*Immer wird ein Blick mir genügen,*
*um zu sehen,*
*was ich an dir hab.*

# Dorothea von Runckels
# Freundschaftsode für die Gottschedin

*11. April 1753*

*Du, meine G== die ich liebe,*

*Du nährest meine Freundschaftstriebe,*

*Du stärkest meine Leidenschaft.*

*Nie wird mich jemand überzeugen,*

*die Freundschaft sey nur Männern eigen,*

*und nicht bey Weibern dauerhaft.*

Sophie van der Stap

## Heute bin ich blond

»Hallo, Süße, wie fühlst du dich?«

Ich drehe mich nach der vertrauten Stimme um. Eine riesige lila Orchidee erscheint im Zimmer, dahinter Annabel. Annabel und ich sind schon zusammen in den Kindergarten gegangen und haben danach auf der Burgtschool zusammen schreiben und rechnen gelernt. Seitdem ist kein Tag vergangen, an dem wir nicht wussten, wo sich die andere gerade herumtreibt.

Wir sind beide Zwilling. Um unseren unterschiedlichen Charakter mit ihrem Glauben an die Sternbilder in Einklang zu bringen, spricht Annabel von zwei Sorten Zwillingen, solchen, die etwas mehr Krebs und solchen, die etwas mehr Stier sind. Ich bin etwas mehr Krebs, glaube ich. Annabel studiert Marketing, ich Politologie. Wäre Annabel ein Mann, ich hätte mich Knall auf Fall in sie verliebt. Aber zu unserem Glück bin ich keine Lesbe. Annabel hilft mir Kleider aussuchen und meinen Geschmack entwickeln, und zwischen Missoni-T-Shirts und Balenciaga-Taschen sprechen wir über meine letzte Vorlesung zum Thema Solarenergie, über Inflation und Völkermord in der Dritten Welt. Tja, typisch, aber anders wollen wir's nicht haben.

Gemeinsam haben wir die Welt entdeckt. Als kleine Mädchen, als Teenager und jetzt mit Anfang zwanzig. Wir haben in der Dordogne Schnecken und im Hafen von Rungsted dänische Süßigkeiten gegessen. In Josephine Bakers französischem Schloss standen wir offenen Mundes unter einer Lampe, die voller Fledermäuse hing. In Dänemark am Meer haben wir zum ersten Mal mit Todesverachtung Algen gegessen, in einer Boutique in London haben wir unsere ersten hochhackigen Schuhe gekauft. Zweimal haben Annabel und ich einander für längere Zeit verlassen. Einmal, als ich in Slippern in den Himalaya zog, und einmal, als Annabel sich für ein Praktikum in das Getümmel von New York stürzte. Sie war gerade wieder zurück, als uns das Wort Krebs plötzlich so nahe rückte. In New York hatte sie in einem kleinen, auf Brautkleider spezialisierten Modehaus gearbeitet. Im Dezember besuchte ich sie dort, um mit ihr Weihnachten und Silvester zu feiern. Da kam es uns schon komisch vor, dass sie bereits drei Blocks und zwei Starbucks weiter war, während ich mich noch die endlosen U-Bahn-Treppen hochschleppte. Und dass ich in der Silvesternacht schon um halb zwei genug hatte vom Feiern, obwohl ich einen unheimlich netten New Yorker vor der Nase hatte. Aber ich kam natürlich mit einer Visitenkarte nach Hause, die mich am Sonntagvormittag, dem Tag vor meiner Abreise, in MoMa führte, am Mittag ins Restaurant Pastis und am Abend zu einem Essen mit viel Rotwein. Wach wurde ich auf der Lower East Side in Manhattan sehr früh gegen sieben und dann wollte ich sofort zu Annabel, die sich bestimmt schon Sorgen machte. Beim Aufwachen war das Abenteuer für mich vorbei, und ich suchte im Dunkeln nach meinen Kleidern. Um acht stand ich vor Annabels Tür, irgendwo zwischen Fifth und Sixth Avenue, nicht weit vom Union Square.

Ohne Annabel wüsste ich nicht, was es heißt, eine wahre Freundin zu haben, eine, die in ihrem Bett am Noordermarkt spürt, dass ich in Neu-Dehli einsam bin. Eine, die nur einen Tick von dem entfernt ist, was in meinem Kopf wirklich vorgeht. Eine, die sofort gesehen hat, dass ich viel zu blass war. Eine, die mit ihrer überdimensionalen Orchidee in die Straßenbahn Linie sieben steigt, um mein Scheißzimmer ein bisschen wohnlicher zu machen.

»Hallo, Süße!«, rufe ich enthusiastisch. »Sitzt meine Perücke schief?«

Annabel wirft mir einen prüfenden Blick zu und lächelt. Dann rückt sie meine Haare zurecht.

»Denkst du manchmal daran, dass ich vielleicht bald nicht mehr da bin?«

»Ach Gott, was sind wir heute wieder unterhaltsam.« Sie setzt sich auf einen Stuhl neben meinem Bett und holt ihr Maniküreset hervor.

»Ich will eben gern wissen, was der Gedanke mit dir macht.«

»Ja.« Sie sieht mich an. »Ich wirke so robust, dabei bin ich jede Nacht in Barts Armen am Heulen.« Bart ist ihr Freund.

»Aber solange noch Hoffnung besteht, versuche ich, nicht an das schlimmste Szenario zu denken.«

»Ah.« Ein unangenehmes Mitleid beschleicht mich, aber ihre Worte tun mir ungeheuer gut. Je mehr sie um mich weint, desto mehr liebt sie mich. Annabel schafft es hervorragend, ihren Schmerz zu verbergen, sogar vor mir. »Wir waren immer zusammen«, sage ich.

»Das bleiben wir auch.«

»Noch zwei Wochen – gruselig, was?«

»Bis zu deiner Untersuchung?«

»Ja.«

*Einen Menschen wissen,*

*der dich ganz versteht,*

*der in Bitternissen*

*immer zu dir steht,*

*der auch deine Schwächen liebt,*

*weil du bist sein;*

*dann mag alles brechen,*

*du bist nie allein.*

Marie von Ebner-Eschenbach

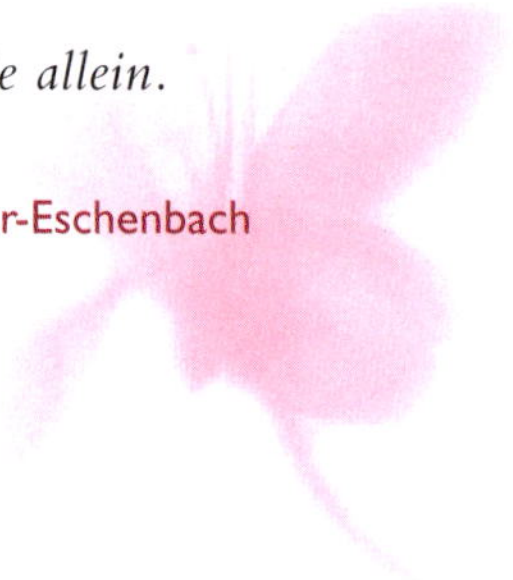

Katja Gesche

# Andrea

Fast zehn Jahre hatte ich Andrea nicht mehr gesehen, lange Jahre, in denen bei uns Frauen die Hüften breiter werden, in denen sich die ersten Falten tief in die Augenwinkel eingraben und wir uns angeekelt von uns selbst wegdrehen möchten.

Es kommt dann die Zeit, in der ein sehnsüchtiges Ziehen uns befällt, wenn wir in die Nähe von Kinderwagen geraten. Zehn Jahre, in denen sich endgültig entscheidet, ob wir immer mehr zu uns selbst werden wollen, wachsen, Jahresringe aus Fett und Erfahrung um uns bilden wollen, bis wir irgendwo als Dorfunikat, als Exzentrikerin, als Schreckschraube vom Dienst mit grell lila gefärbten Haaren enden wollen; oder aber wo wir schwinden, blasser werden, durchsichtiger, die Kraft in uns mühsam gehalten werden muss.

Mit einem Wort, wir sind Ende dreißig.

Joanne Fedler

## Weiberabend

Wir sind eine Handvoll ganz normaler Frauen, eine Ansammlung mutiger, leidenschaftlicher, anbetungswürdiger, intelligenter Mütter. Ein paar von uns sind außerdem hoch neurotisch. Mindestens zwei von uns, soweit ich weiß, nehmen Prozac (aber Helen hat mich zur Geheimhaltung verpflichtet, denn Dooly hat ihr gesagt: »Es ist nicht offiziell, also sag nicht, du hättest das von mir.«). Es geschieht etwas, wenn wir uns auf diese Weise versammeln, frei von unseren Kindern und Lebenspartnern. Unsere Stimmen verändern sich. Sie werden schriller. Wir sitzen unbefangen und breitbeinig da und ziehen einander mit dem Zustand unserer Unterhosen auf. Unsere Witze – sofern man sie so bezeichnen kann – sind unsäglich schlecht; man kann gar nicht recht unterscheiden, ob wir, durch Helens Gelächter angesteckt, wegen der erbärmlichen Pointe lachen oder weil der Witz so miserabel vorgetragen wurde. Wir kichern verächtlich über Penisgrößen (wenn Männer nur wüssten, wie wichtig die Größe wirklich ist). Und obwohl wir gern trinken würden, als wären wir dreiundzwanzig, kann sich keine von uns einen überflüssigen Kater leisten. Deshalb tanzen wir stattdessen, aber niemand wäre scharf darauf, diese misslungene Zurschaustellung bebender und zuckender Körperteile mit anzusehen. Und wir essen, als könnte allein die Völlerei uns alle wieder jung und sexy machen.

Die Bedeutung des Essens ist bei diesen Zusammenkünften nicht zu unterschätzen. Helen ist eine unersättliche Listenschreiberin und genießt die erregende Vorfreude bei der Planung des Essens. Nur den wahren Liebhaberinnen guten Essens unter uns wird die Aufgabe anvertraut, tatsächlich etwas zuzubereiten. Das sind Helen und ich. Die anderen müssen den Alkohol und die Schokolade heranschaffen.

Jede von uns hat ihr geheimes Laster. Helen hat unsäglich viel Geld für einen riesigen Kübel Erdbeer-Daiquiri ausgegeben und eine Sammlung von Musik mitgebracht, von der ich noch nie gehört habe – darunter, man stelle sich vor, der Soundtrack des Films *Meerjungfrauen küssen besser* (»Warte nur, bis du den vierten Titel hörst«, sagt sie). Ereka wird mit fünf Joints in der Handtasche kommen und im Verlauf des Abends stündlich einen davon hervorholen. Liz wird eine Flasche Rotwein mitbringen, der offiziell als Antiquität eingestuft werden müsste. Tamara wird sicher irgendeine glutenfreie Köstlichkeit dabeihaben und sich erst auf unser lautstarkes Drängen hin bereit erklären, ihr Handy auszuschalten. Wenn sie das nicht tut, wird es noch vor dem Nachtisch ein halbes

Dutzend Male klingeln – Kevin ist zwar in der Lage, aus einem Stückchen der äußeren Schamlippen eine Brustwarze zu rekonstruieren, kann aber ohne die Hilfe seiner Frau keine zwei Kinder ins Bett bringen. Dooly wird auf keinen Fall ohne Schokolade erscheinen – ich tippe auf einen schweren Schokokuchen oder Mousse au Chocolat. Obwohl ich das weiß, bin ich doch nie ganz gewappnet, wenn sie dann mit einem Eimer voll Schokokonfekt vor der Tür steht – buchstäblich fünf Liter Cadbury's Favourites. Fiona wird zweifellos ihre Aromatherapie-Ausrüstung mitbringen, um uns die perfekte Mischung ätherischer Öle zuzubereiten, je nachdem, ob wir entspannt, erfrischt, beruhigt oder angeregt werden möchten. CJ wird natürlich sofort schreien, dass sie unbedingt Letzteres braucht, und uns alle dazu aufstacheln, einander die Füße zu massieren.

*Ich war schon immer der Ansicht,*

*dass das größte Privileg,*

*die größte Hilfe*

*und der größte Trost*

*in einer Freundschaft darin besteht,*

*dass man nichts erklären muss.*

Katherine Mansfield

## Barbara Maia an Alice Schwarzer

*Berlin, 2. Dezember 2003*

*Liebe Alice,*

*da ich nicht weiß, ob ich dich morgen telefonisch erreichen werde – weil alle Leitungen zusammenbrechen oder weil du nach Venedig geflohen bist oder weil und so weiter –, möchte ich dir sicherheitshalber hiermit herzlich zu deinem Geburtstag gratulieren und dir alles Liebe wünschen. Alles.*

*Bei meinem Gang durch unsere wilden und braven Tage der Jugend (»Sprich Erinnerung, sprich«) ist mir aufgefallen, dass wir uns nicht scheuten, von den höchsten Dingen zu sprechen: Ist Gott vielleicht ein Insekt? Oder ein Hubschrauber? (Anlässlich eines gemeinsamen Kinobesuchs, bei dem wir uns einen Ingmar-Bergman-Film reingezogen haben.) Wir sprachen über Filme, über Bücher, über Politik und so weiter, wir sprachen über Katzen und Hunde und über »alte Leute«, aber niemals – soweit ich mich erinnere – darüber, dass wir einmal selbst ein biblisches Alter erreichen würden, was uns schon damals Gelegenheit gegeben hätte, über die schönen Vorzüge dieser Phase des Lebens zu sprechen: Mildheit, Abgeklärtheit und – wie schön! – warmherzige Weisheit, die irgendwie in die Welt hinausgeht und sie verändert. Ich glaube heute zu wissen, warum: weil wir wussten, dass wir nie alt werden. Das nennt man, denke ich, Intuition! Du jedenfalls wirst offensichtlich jünger.*

*Kürzlich sah ich dich bei Sandra Maischberger. Wo waren deine weiten arabischen Gewänder aus Tausendundeiner Nacht, an die sich meine Augen gewöhnt hatten? Recht hat sie, die von der Maischberger zitierte Komikerin, deren Name mir jetzt nicht einfallen will (doch: Anke Engelke! Triumph des Gedächtnisses. Sie ist sehr komisch und wandlungsfähig), wohl aber der zitierte Satz: »Ich finde Alice sexy!« Tatsache ist, dass das nicht zu übersehen ist, seitdem du wieder körperbetonte Kleidung trägst. Kompliment!*

*Nicht beurteilen konnte ich, ob die Maischberger mit der Frage nach deiner Mutter nett sein wollte (Vorbilder usw.) oder ob sie eine offene Rechnung mit dir hatte. Wie auch immer, die Lacher waren auf deiner Seite, als du sanftmütig meintest: »Da brauchen Sie sich keine Sorgen zu machen.«*

*Ob du es glaubst oder nicht: Ich bin immer noch damit beschäftigt, die Kapitel meines Romans zusammenzufügen, damit ein lieber Freund sie auf seinem Laptop abtip-*

*pen kann. Wie findest du den Titel: »Die Rückkehr de Sirenen«? (Nein, kein Porno.)*

*Erst wollte ich dir die beiliegende CD mit drei von mi geschriebenen und in Melodie gesetzten Songs gleich schi-cken, dann aber habe ich die Weiterentwicklung der Work-in-progress-Aufnahme gehört und daraufhin schnell wiede davon Abstand genommen. Was soll man sagen? Die Song sind nicht schlecht, aber ich singe wie ein armer lieber Rabe Man muss Milde walten lassen, man muss die Umstände berücksichtigen: Ich hatte gerade mal eine Stunde für di Aufnahme und praktisch keinerlei Mikro-Erfahrung, und der liebe Boris saß am Aufnahmegerät und rollte die Augen zum Himmel: »Womit habe ich das verdient?« – Okay kann man verstehen, jetzt singt die eigene Mutter auch noch! Die Arrangements sind von Boris, der auch alle In-strumente spielt.*

*Apropos Mütter. Meine eröffnet neuerdings jedes Ge-spräch, jedes!, mit den Worten: »Ich habe ja jetzt nur noch ein Auge.« Womit sie einen zwingt, in eine schauerlich lee-re Höhle zu blicken, obwohl sie doch zwei Augen hat, von dem das eine zugegebenermaßen sehkraftmäßig betrach-tet ziemlich lädiert ist. Für mich ist das eine permanent Übung in Samadhi.*

*Wie nannte uns meine hochsensible, taktvolle Mutte damals, als wir mit Seitenstichen vor Lachen die Straße von Wuppertal-Elberfeld unsicher machten: die sechs Ziegen? Wie liebevoll, da muss man erst mal drauf kommen. Vielleicht war sie damals ja schon irgendwie einäugig.*

*Alles Liebe,*
*Barbara*

*PS: Jetzt kommt die Preisfrage: Kannst du dich an die Situation erinnern, die den Grundstein zu unserer Freundschaft legte? Ich wette, du kannst nicht! Okay, wir kannten uns, weil wir in der gleichen Klasse waren. Aber, siehst du, ich meine den Moment, als wir uns kennenlernten, wahrnahmen? Nun – wie sieht es aus? Eine bedenkliche Leere, wo eigentlich eine Fülle von Bildern sein sollte? Ich bin gespannt, was deine Blackbox preisgibt.*

Dialogpartnerin, Ratgeberin, Krisenmanagerin
Mitlachende, Ermutigende, Trösterin
Großzügige, Wärmende, Stütze, Begleiterin
Beichtmutter, Leidensgenossin, Solidarische, Loyale
Feedback Gebende, Kritisierende (…)

Susanne Kerk

Die Freunde,
die man morgens um vier
anrufen kann, die zählen.

Marlene Dietrich

# 2

# Stimmen der Freundschaft

## Liselotte von der Pfalz an die Raugräfin Luise

*St. Cloud, 15. Mai 1697*

*Wer hätte wohl jemalen gedenken können, dass ich Euch aus Frankreich und Ihr mir aus Engelland schreiben würdet? Freilich geht es wunderlich in der Welt her. Ich weiß nicht, ob Ihr Euch noch der Jungfer Kolbin erinnert, so meine Hofmeisterin war; die pflegte als zu sagen: »Es geht nirgends wunderlicher her als in der Welt« und hierhin hatte sie groß recht …*

*Ich kann nicht begreifen, wie es Leute finden kann, so ihre guten Freunde nicht lieb behalten; denn ich kann nie ändern, wenn ich einmal Freund bin, ist es vor mein Leben, es seie dann, dass man ganz und gar gegen mir ändere … Um Gottes willen, liebe Luise, sagt mir doch nie, dass Ihr fürcht, mir mit Euren Briefen beschwerlich zu fallen! Denn das sein Compliments, die mir unleidlich sein. Ihr wisst ja wohl, dass ich ganz natürlich bin. Wären mir Eure Briefe nicht angenehm, so würde ich ja nicht sagen, dass sie mir's sein, würde auch nicht exakt darauf antworten, wie ich tue.*

*Schreibt man dann nur an seine guten Freunde und Verwandten, um etwas Artiges und Lustiges daher zu machen? Ich meine, es seie vielmehr, um zu erweisen, dass man fleißig an sie denkt und dass, weilen man nicht mündlich mit ihnen reden kann, so erweist man doch den Willen, sein Vertrauen zu vollführen, indem man aufs Papier setzt, was der Mund nicht sagen kann; also ist man lustig, müssen die Briefe lustig sein, ist man traurig, desgleichen, damit unsere Freunde Part nehmen können in alles, was uns betrifft.*

*Wenn Ihr wissen solltet, wie alles hier ist, sollte es Euch gar kein Wunder nehmen, dass ich nicht mehr lustig bin. Ein andere in meinem Platz, so nicht so aus dem Grund lustig gewesen wäre, würde vielleicht vor Kummer längst gestorben sein; ich aber werde nur dick und fett davon. Es ist nicht ohn, dass, wenn ich das Glück hätte, bei ma tante zu sein, so glaube ich, dass ich noch etlich mal recht lustig würde sein können; aber hierzu sehe ich leider gar keine Möglichkeit. Hier habe ich wenig Commerce, lebe ganz à part wie ein Reichsstädtel, kann nicht sagen, dass ich über vier Freundinnen in ganz Frankreich habe. Ma tante von Tarent hatte ich zwar sehr lieb, aber nichts in der Welt geht mir über ma tante, die Kurfürstin …*

*Meine Gesundheit ist nun nur gar zu perfekt, ich werde so dick wie Kugelreiter und gar keine menschliche Figur schier mehr. Alleweil lässt mich Monsieur holen, um spazieren zu fahren; kann also unmöglich diesen Brief so völlig wie den ersten beantworten, dies nur noch in Eil sagen, dass, was Ihr mir vom armen Carl Eduard selig geschrieben, mich dermaßen vor ihn attendriert und gejammert hat, dass mir die Tränen drüber in den Augen kommen sein. An Carllutz darf ich nicht denken, denn dessen Tod habe ich noch nicht verschmerzt. Adieu! Man treibt mich, um zu schließen; kann meinen Brief nicht überlesen.*

*Entschuldigt die Fehler, liebe Luise, und glaubt, dass ich Euch von Herzen lieb behalte!*

*Ob sie über große Dinge reden oder kleine,*

*einander Geheimnisse anvertrauen*

*oder sich im zwanglosen Geplauder ergehen,*

*nie würde ein Verlust an Wertschätzung*

*das Vertrauen zwischen Frauen stören.*

Elizabeth Bowen

Erika Pluhar

# Marisa

»Hallo, Schatz«, sagt Marlies, als ich abhebe. Es ist Februar, ein weißer, dunstiger Tag, die Vogellaute beschwören einen fernen Frühling. »Unser Geburtstag naht.«

»Ja, wir werden zweiundfünfzig«, antworte ich.

»Musst du immer so präzise sein? Außerdem sind Zahlen unwichtig …«

»Entschuldige«, sage ich, und jetzt lacht Marlies ins Telefon.

»Egal. Aber ich binde mein Alter nicht jedem unbedingt auf die Nase. Du mit deiner unentwegten Bekennerehrlichkeit machst mir aber ständig einen Strich durch die Rechnung. Jeder weiß, dass wir gleichaltrig sind …«

»Es ändert doch nichts, man ist so alt, wie man ist, man fühlt sich so, wie man sich fühlt – und man sieht so aus, wie man geworden ist. Alle Darumherumlügen sind reine Konventionen.«

»So ernsthaft wollte ich gar nicht drüber reden«, sagt Marlies, »ich wollte uns beiden alles Gute zum Geburtstag wünschen.«

»O ja, das tu ich auch – uns beiden das Beste, wir haben es verdient.«

»Genau«, bekräftigt Marlies mit einer Stimme, deren Klarheit und Wärme auffällig ist.

»Ich glaube, dir geht es gut …?«, frage ich vorsichtig.

»Es geht mir bestens«, sagt Marlies, sie sagt es so leuchtend, daß dieses Licht durch den Telefonhörer auf mich überzugreifen scheint.

»Wie gern ich dich so sprechen höre …«, erwidere ich.

»Ja … ich auch«, sagt sie, »alles geht plötzlich so gut. Ich trinke weiterhin keinen Tropfen Alkohol. Und ich habe jetzt viele Kilo weniger. Und es gibt berufliche Angebote, stell dir vor – Bewegung in allem, ich spüre Zukunft. Ich habe überlebt.«

Wir schweigen, als flöge ein Engel durch die Telefonleitung. Dann wiederholt sie, leiser: »Ja, ich habe überlebt.«

Ich höre sie einen tiefen Zug aus der Zigarette machen.

»Du«, sage ich, »du, Marlies – ich habe so eine Freude – so eine Freude an dir …«

»Nicht wahr? Ich glaube, ich kann stolz auf mich sein. Das ist gut. Ich habe mich viel zu lange verachtet.«

»Weißt du was? Du hast eine Stimme … ja, die Stimme eines wiederauferstandenen Menschen. Jedenfalls würde ich mir vorstellen, dass einer, der wiederauferstanden ist, so spricht wie du. So kräftig und klar.«

Ich fühle mich so erhoben, dass ich mir jetzt auch eine Zigarette anzünde. Plötzlich höre ich Marlies am anderen Ende der Leitung kichern, auf ihre dunkel glucksende Art.

»Glaubst du nicht, dass wir ordentlich übertreiben?«, sagt sie, »ich, die Wiederauferstandene – aber wir zwei waren immer schon wüste Theatralikerinnen. Erinnerst du dich an unsere Gespräche in Schönbrunn?«

»Natürlich«, antworte ich, »sie waren schön.«

»Ja, sie waren schön«, wiederholt Marlies und kichert nicht mehr.

Nach kurzer Pause sagt sie: »Und was danach alles auf mich zugekommen ist – was da so alles los war – wo ich überall hineingeraten bin – Wahnsinn.«

Sie schweigt, und ich höre sie rauchen, ziemlich lange.

»Marlies?«, frage ich.

»Mein Gott, ich habe überlebt«, sagte sie nochmals.

*Freunde sollte der Mensch schon haben,*

*sonst wird es wirklich kalt in der Welt.*

*Ohne die wirklich gute Herzensfreundin,*

*die alles versteht, über Jahre alles mitkriegt,*

*alles erzählt und tröstet und getröstet wird,*

*ohne diese Freundin ist das Leben trübe.*

Elke Heidenreich

Dorothy Parker

# Der Lebensstandard

Annabel und Midge kamen mit der arroganten langsamen Gehweise von Müßiggängern aus der Teestube, denn ihr Samstagnachmittag dehnte sich vor ihnen aus. Sie hatten, wie es ihre Gewohnheit war, ein Mittagessen aus Zucker, Kohlehydraten, Ölen und Butterfetten zu sich genommen. Meist aßen sie Sandwichs aus schwammigem frischem Weißbrot, geschmiert mit Butter und Mayonnaise; sie aßen dicke Stücke Kuchen, die feucht unter Eiskrem und Schlagsahne und mit gehackten Nüssen angereicherter geschmolzener Schokolade lagen. Als Abwechslung aßen sie Pastetchen, die Perlen minderwertigen Öls ausschwitzten und weiche Fleischreste enthielten, die in blasser, erstarrender Sauce versanken; sie aßen Törtchen, elastisch unter hartem Zuckerguss, mit einer unbestimmbaren gelben süßen Masse gefüllt, die nicht mehr fest und noch nicht flüssig war, wie in der Sonne liegengelassene Salbe. Sie wählten kcine anderen Arten von Speisen, zogen sie auch nicht in Betracht. Und ihre Haut glich den Blumenblättern von Buschwindröschen, und ihre Bäuche waren so flach und ihre Seiten so schlank wie die junger indianischer Krieger. Annabel und Midge waren beste Freundinnen praktisch seit dem Tag, an dem Midge eine Anstellung als Stenotypistin bei der Firma gefunden hatte, die Annabel beschäftigte. Inzwischen hatte sich Annabel, die zwei Jahre länger in der Stenographenabteilung war, auf ein Gehalt von achtzehn Dollar und fünfzig Cents in der Woche emporgearbeitet; Midge war noch bei sechzehn Dollar. Jedes Mädchen lebte daheim bei seiner Familie und bezahlte die Hälfte seines Lohnes für deren Lebensunterhalt.

Die Mädchen saßen Seite an Seite an ihren Schreibtischen, sie nahmen jeden Tag zusammen das Mittagessen ein, zusammen machten sie sich am Ende des Arbeitstages auf den Heimweg. Viele ihrer Abende und die meisten ihrer Sonntage wurden in Gesellschaft der anderen verbracht. Häufig schlossen sich ihnen zwei junge Herren an, doch keinem solchen Quartett war Dauer beschieden; die zwei jungen Männer machten schon bald, unbeweint, zwei anderen jungen Männern Platz, und Weinen wäre auch wirklich unangebracht gewesen, da die neuen Begleiter kaum von ihren Vorgängern zu unterscheiden waren. Unweigerlich verbrachten die Mädchen die schönen Mußestunden ihrer hochsommerlichen Samstagnachmittage gemeinsam. Beständiger Gebrauch hatte das Gewebe ihrer Freundschaft nicht zerschlissen.

Sie sahen sich gleich, obwohl die Ähnlichkeit nicht in ihren Gesichtszügen lag. Sie lag in der Form ihrer Körper, ihren Bewegungen, ihrem Stil und ihrem Aufzug. Annabel und Midge taten, und zwar in vollem Maße, all das, was junge Büroangestellte dringend gebeten werden, nicht zu tun. Sie malten ihre Lippen und ihre Nägel an, sie färbten ihre Wimpern dunkler und hellten ihr Haar auf, und Parfüm schien sie wie eine schimmernde Wolke zu umgeben. Sie trugen dünne, leuchtende Kleider, knapp an der Brust und hoch an den Beinen, und stark geneigte Pumps, neckisch gebunden. Sie sahen auffällig aus und billig und bezaubernd.

Als sie nun zur Fifth Avenue hinübergingen mit ihren vom heißen Wind herumgewirbelten Röcken, schlug ihnen hörbare Bewunderung entgegen. Junge Männer, lethargisch an Zeitungskiosken gruppiert, zollten ihnen Gemurmel, Ausrufe, selbst – als höchste Huldigung – Pfiffe. Annabel und Midge gingen vorbei, ohne sich zu einer Beschleunigung herabzulassen; sie trugen ihre Köpfe noch höher und setzten ihre Füße mit exquisiter Genauigkeit auf, als schritten sie über die Nacken von Bauern.

Stets gingen die Mädchen an ihren freien Nachmittagen auf der Fifth Avenue spazieren, denn das Gelände war ideal für ihr Lieblingsspiel. Das Spiel konnte überall gespielt werden und wurde auch in der Tat überall gespielt, aber die großen Schaufenster regten die beiden Spielerinnen zu Höchstleistungen an.

Annabel hatte das Spiel erfunden; das heißt eigentlich aus einem alten weiterentwickelt. Im Grunde genommen war es nichts anderes als das altehrwürdige Vergnügen des Was-würdest-du-tun-wenn-du-eine-Million-Dollar-hättest. Doch Annabel hatte dafür neue Regeln aufgestellt, hatte es eingeengt, es verschärft, es strenger gemacht. Wie alle Spiele war es umso faszinierender, je komplizierter es war.

Annabels Version ging folgendermaßen: Man muß sich vorstellen, daß jemand stirbt und einem eine runde Million Dollar hinterläßt. Doch an dieses Legat ist eine Bedingung geknüpft. In dem Testament ist verfügt, daß man jeden Cent des Geldes für sich selbst ausgeben muss.

Hierin lag das Risiko des Spiels. Wenn man dies vergaß und unter seinen Ausgaben beispielsweise die Miete für eine neue Wohnung für seine Familie aufführte, dann mußte man aussetzen, und der andere Spieler kam an die Reihe. Es war erstaunlich, wie viele – und darunter auch einige der Experten – durch derartige Flüchtigkeitsfehler ihren Zug verscherzten.

Es war natürlich unbedingt erforderlich, daß es mit leidenschaftlichem Ernst gespielt wurde. Jeder Kauf mußte sorgfältig erwogen und, notfalls, mit Argumenten verteidigt werden. Es lag kein Reiz darin, unüberlegt drauflos zu spielen. Einmal hatte Annabel das Spiel Sylvia vorgestellt, einer Kollegin in dem

Büro. Sie erklärte Sylvia die Regeln und eröffnete mit der Frage: »Was würdest du als erstes tun?« Sylvia hatte nicht einmal den Anstand gezeigt, auch nur eine Sekunde zu zögern. »Nun«, sagte sie, »als erstes würde ich losgehen und jemand anheuern, der Gary Coopers Frau erschießt, und dann …« Mit ihr machte es offensichtlich keinen Spaß.

Doch Annabel und Midge waren zweifellos dazu bestimmt, Gefährtinnen zu sein, denn Midge spielte das Spiel auf Anhieb meisterhaft. Sie war es, die noch Feinheiten hinzufügte, die das Ganze genüßlicher machten. Midges Neuerungen zufolge war der Exzentriker, der starb und das Geld hinterließ, nicht jemand, den man mochte oder auch nur kannte. Es war jemand, der einen irgendwo gesehen hatte und gedacht hatte: »Dieses Mädchen sollte viele hübsche Dinge haben. Ihr will ich eine Million Dollar hinterlassen, wenn ich sterbe.« Und der Tod sollte weder vorzeitig noch qualvoll sein. Der Wohltäter, reich an Jahren und auf den Tod wohlvorbereitet, sollte sanft im Schlaf verscheiden und direkt in den Himmel eingehen. Diese Ausschmückungen gestatteten Annabel und Midge, ihr Spiel in dem Luxus eines ruhigen Gewissens zu spielen.

Midge spielte mit einem Ernst, der nicht nur angemessen, sondern auch extrem war. Die einzige Belastung ihrer Freundschaft hatte sich aus der Ankündigung ergeben, die Annabel einmal gemacht hatte, das erste, was sie von ihrer Million Dollar kaufen würde, wäre ein Silberfuchsmantel. Es war, als ob sie Midge einen Schlag mitten ins Gesicht versetzt hätte. Als Midge sich wieder gefangen hatte, rief sie, daß sie sich von Annabel so etwas nicht vorstellen könne – Silberfuchsmäntel sind ordinär! Annabel verteidigte ihren Geschmack mit der scharfen Entgegnung, daß sie keineswegs ordinär sind. Midge sagte daraufhin, eben doch. Sie setzte hinzu, daß alle Welt einen Silberfuchsmantel hat. Sie fuhr fort, wobei sie vielleicht etwas den Kopf verlor, zu verkünden, daß sie selbst nicht einmal tot in einem Silberfuchsmantel gesehen werden wolle.

Während der nächsten Tage, in denen sich die Mädchen ebenfalls ständig sahen, war ihre Unterhaltung behutsam und spärlich, und sie spielten nicht ein einziges Mal ihr Spiel. Dann, eines Morgens, kam Annabel, kaum hatte sie das Büro betreten, zu Midge und sagte, daß sie es sich anders überlegt hätte. Sie würde sich keinen Silberfuchsmantel von irgendeinem Teil ihrer Million Dollar kaufen. Unmittelbar nach Erhalt des Legats würde sie sich einen Nerzmantel aussuchen.

Midge lächelte, und ihre Augen strahlten. »Ich glaube«, sagte sie, »da tust du genau das Richtige.«

Als sie nun die Fifth Avenue entlanggingen, spielten sie das Spiel erneut. Es war einer jener Tage, von denen der September wiederholt heimgesucht wird; heiß und blendend, mit Staubpartikeln im Wind. Die Menschen schlafften und schlurften matt dahin, doch die Mädchen hielten sich aufrecht und schritten in gerader Linie aus, wie es sich für junge Erbinnen bei der Nachmittagspromenade schickte. Es war nicht mehr notwendig, das Spiel mit seiner formalen Eröffnung zu beginnen. Annabel kam direkt zur Sache.

»Na schön«, sagte sie. »Du hast nun also eine Million Dollar. Was würdest du nun als erstes tun?«

»Nun, als erstes«, sagte Midge, »würde ich mir einen Nerzmantel kaufen.« Aber sie sagte es mechanisch, wie als auswendig gelernte Antwort auf eine erwartete Frage.

»Ja«, sagte Annabel, »ich glaube, das solltest du. Die schrecklich dunkle Art Nerz.« Aber auch sie sprach automatisch. Es war zu heiß; Pelz, wie dunkel und glänzend und geschmeidig auch immer, war eine gräßliche Vorstellung.

Sie schritten ein Weilchen schweigend dahin. Dann wurde Midges Aufmerksamkeit von einem Schaufenster erregt. Kühles, wunderbares Schimmern hob sich darin auf keuschem und elegantem Dunkel ab.

»Nein«, sagte Midge, »ich nehme es zurück. Ich würde mir als erstes keinen Nerzmantel kaufen. Weißt du, was ich tun würde? Ich würde mir eine Perlenkette kaufen. Echte Perlen.«

Annabels Blick folgte dem von Midge.

»Ja«, sagte sie langsam. »Ich glaube, das ist eine ganz gute Idee. Und das wäre auch vernünftig. Weil man Perlen zu allem tragen kann.«

Gemeinsam traten sie an das Schaufenster und drängten sich dicht heran. Es enthielt nur einen Gegenstand – zwei Reihen großer, gleichmäßiger Perlen, die mit einem schweren Smaragd um einen kleinen rosaroten Samthals geschlossen waren.

»Was meinst du, was die kosten?« sagte Annabel.

»Mann, das weiß ich nicht«, sagte Midge. »Ne Menge, nehme ich an.«

»So an die tausend Dollar?« sagte Annabel.

»Oh, eher mehr, nehme ich an«, sagte Midge.

»Wegen dem Smaragd.«

»Dann so an die zehntausend Dollar?« sagte Annabel.

»Mann, ich habe keine Ahnung«, sagte Midge.

Annabel wurde vom Teufel geritten. »Jede Wette, daß du nicht reingehst und nach dem Preis fragst«, sagte sie.

»Und ob!« sagte Midge.

»Jede Wette«, sagte Annabel.

»Also so ein Geschäft ist doch heute nachmittag gar nicht geöffnet«, sagte Midge.

»Das ist es aber doch«, sagte Annabel. »Gerade sind Leute rausgekommen. Und da ist ja auch ein Türsteher. Jede Wette.«

»Na gut«, sagte Midge. »Aber du mußt mitkommen.«

Sie sprachen dem Türsteher ihren Dank dafür aus, eiskalt, daß er sie in das Geschäft hineingeleitete. Es war kühl und still, ein großzügiger, ansprechender Raum mit getäfelten Wänden und weichem Teppich. Doch die Mädchen trugen einen Ausdruck tiefster Verachtung, als ob sie in einem Schweinestall stünden.

Ein schlanker, makelloser Verkäufer trat zu ihnen und verbeugte sich. Sein gepflegtes Gesicht zeigte keine Verwunderung über ihr Aussehen an.

»Guten Tag«, sagte er. Er gab zu verstehen, daß er ihn nie vergessen würde, wenn sie ihm die Gunst gewähren würden, seinen leise gesprochenen Gruß zu erwidern.

»Guten Tag«, sagten Annabel und Midge gleichzeitig und in gleichem frostigem Tonfall.

»Womit darf ich –?« sagte der Verkäufer.

»Ach, wir sehen uns nur um«, sagte Annabel. Es war, als ob sie die Worte von einer Estrade herabwerfe.

Der Verkäufer verbeugte sich.

»Meine Freundin und ich kamen nur gerade zufällig vorbei«, sagte Midge; sie hielt inne und schien diesem Satz nachzulauschen. »Meine Freundin hier und ich«, fuhr sie fort, »fragten uns nur gerade zufällig was wohl die Perlen kosten, die Sie in Ihrem Fenster haben.«

»Ah, ja«, sagte der Verkäufer. »Die zweireihige Schnur. Die kostet zweihundertundfünfzigtausend Dollar.«

»Aha«, sagte Midge.

Der Verkäufer verbeugte sich. »Ein außergewöhnlich schöner Halsschmuck«, sagte er. »Möchten Sie ihn sich gerne näher ansehen?«

»Nein, danke«, sagte Annabel.

»Meine Freundin und ich kamen nur gerade zufällig vorbei«, sagte Midge. Sie wandten sich zum Gehen zum Gang dorthin, nach ihrer Haltung zu schließen wo der Schinderkarren ihrer harrte. Der Verkäufer eilte voraus und öffnete die Tür. Er verbeugte sich, als sie an ihm vorbeirauschten.

Die Mädchen gingen weiter die Avenue entlang und noch immer lag Verachtung in ihren Gesichtern

»Ehrlich!« sagte Annabel. »Kannst du dir so was vorstellen?«

»Zweihundertundfünfzigtausend Dollar!« sagte Midge »Das ist ja schon allein eine Viertelmillion Dollar!«

»Der hat vielleicht Nerven!« sagte Annabel.

Sie gingen weiter. Langsam schwand die Verachtung, langsam und vollständig, als ob sie von ihnen abfalle, und mit ihr schwanden erhabene Haltung und erhabener Gang. Sie ließen die Schultern hängen und schlurften mit den Füßen; sie stießen zusammen, ohne es zu bemerken oder sich zu entschuldigen, und prallten wieder zurück. Sie schwiegen, und ihre Augen blickten düster.

Plötzlich richtete sich Midge kerzengerade auf, warf den Kopf zurück und sprach, klar und deutlich.

»Hör mal, Annabel«, sagte sie. »Paß auf. Stell dir vor, da ist diese schrecklich reiche Person, verstehst du? Du kennst diese Person nicht, aber diese Person hat dich irgendwo gesehen und möchte etwas für dich tun. Nun, es ist eine schrecklich alte Person, verstehst du? Und nun stirbt diese Person, als ob sie einfach einschlafen würde, und hinterläßt dir zehn Millionen Dollar. Also, was würdest du als erstes tun?«

## Joelle Bernard und Maria Ahlbach-Tsagarakis
## 42 und 47 Jahre alt
## Fischerin und Touristikmanagerin

Ich habe viele, viele Freunde, aber erst seit ein paar Jahren habe ich eine richtig gute Freundin, und das ist Joelle. Sie ist meine Busenfreundin, meine Herzensfreundin, der ich alles sage, die alles über mich weiß und die immer für mich da ist, wenn es mir schlecht geht. Sie ist für meine Familie da und auch mit meinem Mann befreundet.

Joelle und ich hatten viele Jahre einfach nur ein Nachbarschaftsverhältnis. Man saß mal zufällig zusammen in einer Gruppe. Wir mochten uns ganz gerne, waren neugierig aufeinander, aber die Zeit für eine Freundschaft war noch nicht reif. Wir hatten total unterschiedliche Leben. Ich habe Manolis geheiratet, meine Kinder bekommen, und Joelle hatte mehrere Beziehungen hier auf Kreta. Ich bin ein sehr treuer Mensch. Ich habe Joelle etwas zwiespältig erlebt, weil sie gerne mal einen Flirt zwischendurch hatte. Damals machte sie Muschelschmuck für Touristen und arbeitete in den Oliven. Ich bin die ersten zwei Jahre nachts mit Manolis fischen gegangen, tagsüber haben wir bis mittags geschlafen und dann die Netze gesäubert. Mehr und mehr hat Joelle mich angeschaut und ich sie. Irgendwann sagte sie zu mir, dass sie sich gerne mal mit mir verabreden möchte: Okay, wir gehen zusammen einen Wein trinken, aber ich möchte, dass du ganz ehrlich mit mir bist und dass du mir jede Frage beantwortest. Ich hatte viele Fragen an sie. Also haben wir uns verabredet. Es war Winter in Mochlos, alle Kneipen waren geschlossen, nur Spiro hatte geöffnet.

Sie hatte sich fein gemacht, und ich hatte mich fein gemacht – wie zu einem Rendezvous. Wir zwei sind dann aufgetakelt zu Spiro in die Kneipe hinein, alle haben geguckt. Wir haben uns in eine Ecke gesetzt, eine Flasche bestellt, und dann haben wir angefangen zu reden. Auf meine Fragen hat sie ganz ehrlich geantwortet, und ich habe viele Dinge besser verstanden. Wir beschlossen, uns öfter zu verabreden. Damit wurde der Grundstein für unsere Freundschaft gelegt. Das ist jetzt sechs, sieben Jahre her. Joelle ist eine Person, die nicht schnell Freundschaften schließt, und ich war bei ihr auch ein bisschen vorsichtig. Aber langsam merkte ich, dass ich in ihr endlich einen Menschen gefunden hatte, dem ich Vertrauen schenken konnte.

Ich mag an Joelle ihre Kraft – sie steht ihren Mann. Sie lebt alleine, ist eine unabhängige Frau, die alleine fischen geht und die keinen Mann in ihrem Leben braucht. Sie bewerkstelligt alles alleine hier, ihr Leben als Ausländerin in einem kleinen kretischen

Dorf. Das bewundere ich an ihr. Sie ist ein sehr fröhlicher Mensch. Wenn wir zusammen sind, können wir stundenlang erzählen und lachen, lachen, lachen. Wir können zusammen Blödsinn machen und wie die Kinder tanzen. Sie hat Interesse an Büchern, an Kultur, an Filmen, an Musik. Joelle kocht gerne und hat gerne Gäste.

Ich bin froh, dass sie nicht verheiratet ist und keine Kinder hat, denn dadurch ist das Thema Kinder und Haushalt überhaupt nicht wichtig. Es gibt wirklich nur uns zwei mit unseren Interessen und unseren Wünschen, mit unseren Freuden und unserem Weinen.

Das Wesentliche unserer Freundschaft ist Vertrauen, ist füreinander da zu sein, in allem, in der Freude, im Leid, im Schmerz, auch im Streit. Mittlerweile haben wir eine ganz tiefe Basis. Wir können uns alles sagen. Ich kritisiere Joelle, Joelle kritisiert mich. Manchmal ist das sehr unbequem, weil sie mir einen Spiegel vor die Nase hält. Aber ich schätze diese Offenheit und habe gelernt, dass Kritik etwas ausgesprochen Positives ist. Joelle und ich sind so eng zusammengewachsen, in Gedanken, auch in Verhaltensweisen, so dass die Menschen, wenn wir gemeinsam irgendwo auftreten, fast ein bisschen Angst vor uns haben, weil wir so viel Kraft haben, sehr ehrlich in unseren Äußerungen und dadurch unbequem sind. Andererseits schätzen sie unsere Anwesenheit auch, weil wir Pep in eine Sache bringen – wir zwei können eine Party schmeißen.

*Die Stimme der Freundschaft*

*in der Not zu vernehmen,*

*ist das Göttlichste,*

*was dem Herzen widerfahren kann.*

Charlotte von Schiller

## Unica Zürn an Ulla Schnell

*Ermenonville, Oise, Villa »Les Jumeaux«,*
*24. August 1957*

*Liebste, allerliebste Ulla, weißt du, dass der erste Brief, der in unser Ferienhaus kam, von dir war? Das war eine Freude. Tausend Dank. Nun sind wir schon die zweite Woche hier, haben den neuen, so ganz anderen Lebensrhythmus kennen gelernt und langsam, langsam verschwinden alle Gebrechen. Die Dessaus sind nett und ruhig. Er hat mir erklärt, dass seine Familie vor langer Zeit in Deutschland ansässig war, aus dem Fürstenhause Anhalt-Dessau. Sie ist Engländerin – Irländerin, blond und blauäugig, etwas älter als ich, mit einem schwarzen Pudel und einem süßen, zärtlichen Kater, der uns den Käse vom Teller stiehlt und Heuschrecken im Garten jagt. Sie fährt jetzt nach London, wo ihre große Tochter aus erster Ehe ein Baby erwartet, und er fährt in einem Monat nach, dann sind wir ganz allein hier, bis auf die Hausbesitzer, die manches Mal mit ihrem Auto aus Paris kommen und die andere Hälfte des Hauses für sich behalten haben. Zwei Monate wollen wir mindestens hier bleiben – am liebsten für immer. Aber auf jeden Fall müssen wir uns die rue Mouffetard auch noch behalten, als Absteige, wenn wir mal in Paris übernachten müssen.*

*Ja, den schwarzen Pullover für Hans hab ich fertig, er trägt ihn schon lange und ist zufrieden damit. Nun habe ich auch bald den weißen für ihn fertig, den er sich so gewünscht hat, bis auf den einen Ärmel. Danach stricke ich noch einen weißen für mich. Stricken tut mir sehr gut. Auch bei den Portraitsitzungen habe ich manchmal gestrickt. Wifredo Lam fand das wunderbar. Er schwärmte mir von seiner einstigen deutschen Frau vor, die ihm Handschuhe gestrickt hat, die heute noch halten, und er durchsuchte sein ganzes Atelier, um sie uns zu zeigen, fand sie aber nicht. Jetzt hat er eine andere Frau, ein schönes, etwas steinernes französisches Mädchen – ein sehr edles Paar. Bei Arp hab ich nicht zu stricken gewagt und auch nicht bei Michaux, bei beiden habe ich, während Hans sie zeichnete, immer nur ihre Bücher gelesen, die sie mir schenkten.*

*Ja, das Michaux-Gedicht »Setz Dich zu mir, mein Unglück«, das liebe ich auch sehr. Und alles von ihm, was ich in den beiden übersetzten Büchern las, bewegt mich sehr. Sehr allmählich, nach etwa fünf Begegnungen – zweimal aßen wir gemeinsam zu Mittag – verlor er seine große Reserviertheit, und es wurde wärmer und intimer in den Gesprächen. Ich hatte mich für ihn zu einem Mittagessen sehr schön gemacht, einen schwarzen Plisseerock angezogen, den mir Hans geschenkt hat, eine ganz zarte Organdybluse, die mir die Frau von Man Ray geschenkt hat, und ein schwarzes Samtbändchen um den Hals. Dazu eine Jahrhundertwende-*

*Frisur – alles hochgekämmt. Er hatte uns in ein chinesisches Restaurant eingeladen, und ich aß einen gezuckerten Fisch und in Butter gebratene Bananen, und während ich vergnügt schmatzte, ging meine schöne Frisur auf – das hatte ich nun für meine Eitelkeit.*

*Du schreibst von einer Ausstellung Radziwill. Das ist sehr seltsam. Die ersten Leute, die hier in Ermenonville Land kauften, waren die Radziwills, und das reizende Schlösschen hier gehörte ihnen und auf einem Platz ist ein Denkmal für Prince Leon Radziwill, gestorben 1927. Und was ist der Maler für ein Radziwill, lebt er noch? Und wenn – wo? Was du über die letzte Camaro-Ausstellung schreibst, ist wahr. Es fiel mir schon bei der Ausstellung auf, am Lützowplatz, die ich bei meinem letzten Berliner Aufenthalt sah.*

*Der »neue« Camaro, der datiert von der Zeit kurz vor seiner Professur in der Akademie – d.h., er begann mit den Bemühungen, Professor zu werden, mit dem Satthaben der Armut. Und dabei verlor er allen Charme – der neue Camaro wurde elegant, was noch schlimmer ist, er wurde dick. Das schmerzt mich, denn ich kannte und verehrte den »alten« Camaro, den Maler des herrlichen Zyklus »Das hölzerne Theater« – den ganz Romantiker, ganz oberschlesisch-polnischen Zigeunerpoeten. Er war mir menschlich, neben Werner Heldt, der Liebste von allen, aber er ist sich und seiner Vorstellungswelt, die er aus seiner Kindheit hin-*

*übergerettet hatte, nicht treu geblieben, und das hätte ich nie für möglich gehalten.*

*Ich tue so gut wie nichts, ich liege am offenen Fenster und versuche meine verklebten Bronchien auszuheilen, es ist so anbetungswürdig still und friedlich hier. Vor einigen Tagen zogen wir in den nahen Wald, um Pilze zu suchen. Wir fanden keine, aber wir sahen einen Mann, der ein Netz voll Champignons hatte, also gibt es doch wenigstens die – sie wachsen auf Kuhweiden. Im Walde ist alles voller Maiglöckchen-Blätter, das muss herrlich sein, im Frühling. Man sieht keinen Menschen, es wachsen viele Brombeeren dort. Es sind große Laubwälder. Die reichen Leute (Schinkenfabrikanten machen von April bis September oder von September bis April?) große Treibjagden in alten Kostümen zu Pferde und jagen arme Hirsche zu Tode. Sonnabend und Sonntag kommen Touristen und bevölkern die beiden großen eleganten Hotels mit Gärten u. großer Küche. Sonst ist es immer still – nur eine Fluglinie Paris – Brüssel, Hubschrauber-Verkehr geht über unser Haus – und ab und zu mal Autos. Als wir neulich nach Paris fuhren, um Verschiedenes zu besorgen, kamen wir uns todunglücklich vor. Man gewöhnt sich so schnell an das Glück, immer den Himmel zu sehen und Ruhe zu haben.*

*Hans hat jetzt, so lange wir hier sind, die Portraitarbeit liegen lassen und zeichnet auf großem Format. Er will eine*

*Serie neuer Bilder machen, Bleistiftzeichnungen, aquarelliert – es tut ihm sehr gut – Portraits zu malen ist eine Riesenanstrengung, die ab und zu Abstand braucht. Ich lese Heine. Wir haben für 100 Francs einen Heineband erstanden* Aus den Memoiren des Schnabelewopski, Florentinische Nächte, Der Jude von Bacharach *etc. Ich bin begeistert, wie schön das ist.*

*Ich lese, stricke oder pitzele an einer Zeichnung, die ich aus verschiedenen Zeichnungen zusammenklebe und die, wenn es schön wird, ich noch ausstellen kann, im Oktober. Ich glaube, es wird so etwas wie eine Uhr (halb auch vielleicht ein Nest) – es macht Vergnügen nur darum, weil man nicht weiß, was daraus wird. Aber – wie gesagt – ich bin schon ziemlich sicher, dass es eine ›Nest-Uhr‹ werden wird. Leider kann ich nicht machen, dass sich die Zeiger bewegen, weil ich nicht das richtige Material dazu hier habe, aber immerhin wird meine Nest-Uhr auf 10 Minuten nach 3 zeigen – das ist nämlich die Zeit, wo ich mich am Tage langsam wohl zu fühlen beginne. Ich arbeite viel weniger als früher, seitdem ich das verloren habe, was ich meinen ›dummen Ehrgeiz‹ nenne, Geiz um der Ehre willen – das ist gekommen durch das Beispiel einer Malerin hier – die zu viel Ehrgeiz hatte u. dadurch immer schlechter wurde. Ach, da koche oder stricke ich lieber – als dass ich anfange, mir was Falsches vorzumachen. Auch die beispielhaften Begegnungen mit Arp und Michaux haben mich kuriert. Willst du nicht mal zu Wasmuth, Hardenbergstraße, gehen, wo Mia*

*Lederer ausstellt, wenn du schon Kritiken sammeln musst, für deinen Wolfgang? Sie ist eine nette Frau, sie ist sehr begabt, ihre Götter sind Toulouse-Lautrec, Renoir und wahrscheinlich Pascin. Ich werde schließen, denn es wird langsam Zeit, Mittagessen zu machen: Kartoffeln und Berliner Buletten. Meine Liebste, ich habe dir schnell geschrieben, weil du ja auch meine einzige liebste Freundin bist und ich dir durch das Schreiben wenigstens ein bisschen näher bin, als wenn man nur aneinander denkt. Hans lässt euch auch herzlich, herzlich grüßen. Wolfgang wird wohl inzwischen wieder zurückgekehrt sein. Nimm ihn in unserem Namen in die Arme und macht es wahr, einmal herzukommen.*

*Auf Wiedersehen und alles, alles Liebe für euch drei und einen großen Kuss auch auf Pulles Bäckchen – die würde wohl gar nicht mehr wissen, wer ich bin, wenn sie mich wiedersehen würde.*

*Eure, eure Unica.*

*Man muss viele Leidenschaften*

*haben in seinem Leben.*

*Es ist zu kurz, als dass man*

*so was nur einmal erleben sollte.*

Romy Schneider

*Du bist reich, wenn du nur einen Menschen*

*zur Seite hast, der deine Schwächen,*

*Sünden und auch die Reue versteht.*

Margarete Buber-Neumann

Gwen Macsai

## Besser als Schokolade

Ein Telefongespräch mit meiner Freundin Bonnie beinhaltet die notwendigen Standards: Zuspruch, Klagen, Geläster und Gelächter. Doch in ihrer enzyklopädischen Kenntnis aller Geschäfte im Umkreis von fünfundzwanzig Meilen ist sie konkurrenzlos. Sie ist in jeder Hinsicht die beste, die vollkommenste, die gewiefteste Shopperin der Welt. Ich rede hier nicht von einer Person, die einfach nur weiß, wo es die schönsten Schnäppchen gibt. Diese Frau ist der durchschnittlichen Schnäppchenjägerin so haushoch überlegen, dass selbst Imelda Marcos ihr die gut (und billig!) gewandeten Füße küssen würde. Sie ist die Grand-Slam-Gewinnerin, die Nobelpreisträgerin, die Zehn-Kampf-Weltmeisterin. Ein typisches Gespräch:

»Bonnie, ich brauche einen neuen BH.«

»Schnitt, Größe?«

»Außenträger 80.«

»B oder C? Bs gibt es noch bis Samstag bei Ridgedale – nur in Minze – für 9,99 Dollar, und bei Outlet haben sie noch vier Cs in Weiß, Natur, Schwarz und Rosa. Die kosten 10,89 Dollar, aber Rosa würde ich nicht nehmen, es hat mich an menschliches Gewebe erinnert.«

Regelmäßig bekomme ich Anrufe von ihr, die in etwa folgendermaßen verlaufen: »Gwen, ich bin gerade beim Räumungsverkauf bei Marvins's und würde dir raten, sofort herzukommen. Ich bin in Kabine vier auf der linken Seite. Sie haben phantastische Leinenklamotten zum Kaufhauspreis. Ganz nach deinem Geschmack – dezente Karos, erdfarben, nahtlos. Ich lasse ein paar zurücklegen für den Fall, dass du meine Nachricht rechtzeitig bekommst. Ach, vielleicht kauf ich einfach welche für dich. Ich muss Schluss machen, irgendjemand schnüffelt hier an der Kabinentür herum. ICH BIN HIER DRIN, LADY! BESETZT! Ich muss … bye!«

An ihrem Geburtstag wollten meine Freundin Beth und ich sie irgendwohin entführen, schön mit ihr frühstücken gehen, ohne ihre Kinder, mit viel Schmus und Trallala. In unserer grenzenlosen Naivität hatten wir nicht bedacht, dass ihr Geburtstag mit dem alljährlich stattfindenden Ausverkauf bei Nordstrom's zusammenfiel. Natürlich wollte Bonnie an diesem Jahrhundertereignis teilhaben. Also hatten wir uns für zehn Uhr vor dem Nordstrom-Café verabredet. Ich war als Erste da. Während ich dort auf meinen Bagel mit Frischkäse wartete, kam eine Verkäuferin auf mich zu und fragte: »Sind Sie Beth oder Gwen?« Hektisch überlegte ich, ob ich in den letzten vier Minuten aus Versehen etwas hatte mitgehen lassen.

»Bonnie hat mich gebeten, Sie zu holen. Sie wartet in der Abteilung ›Metrowear‹, Kabine fünfzehn.«

»Danke«, sagte ich und kam mir vor wie ein Mitglied des Mobilen Einsatzkommandos, »sagen Sie ihr, ich bin gleich da.«

Als Beth kam und hörte, in welch misslicher Lage sich Bonnie befand, steuerten wir auf kürzestem Weg Kabine fünfzehn an. Bonnie war umringt von Klamottenbergen und Horden von lächelnden Verkäuferinnen, die ihr ganz zu Diensten waren. Wollte sie eine andere Größe anprobieren? Eine andere Farbe? Sollten sie ihr die Dinge abnehmen, die nicht in Frage kamen? Wir machten es uns bequem, während Bonnie ein Outfit nach dem anderen ausprobierte – eine Situation, die sich überall auf der Welt tausendfach wiederholt.

Katy Garden

## Die fremde Freundin

»Wahnsinn, du siehst total sexy aus!«

Ich drehte mich erschrocken um. Gemma stand hinter mir und beobachtete mich. Trotz ihrer ausgeflippten Kleidung, trotz Lippenstifts und Wimperntusche war sie immer noch ein pummeliges kleines Mädchen. Ich habe damals wohl gelacht oder irgendetwas erwidert, aber an diesem Abend hatte sich in unserer Beziehung etwas verschoben, hatte sich etwas verändert, das wir beide nicht ganz verstanden.

Natürlich waren wir damals nur zwei kleine Mädchen, die sich schön machten, aber wir nahmen es sehr, sehr ernst. Plötzlich war unser Aussehen wichtig geworden, und wir verbrachten ganze Nachmittage in Top Shop und Miss Selfridge und probierten Kleider an, die viel zu teuer für uns waren. Die Geschichte unserer Freundschaft lässt sich anhand der Klamotten einteilen, die wir trugen: eine Genealogie der Modetrends – fataler wie triumphaler – , denen wir im Lauf der Jahre folgten und wieder abschworen. Mit zwölf machten wir uns zurecht wie Punks – auf die Schnelle improvisierte Miniröcke und zerrissene Tops, rosarote, spitze Satinschuhe und schwarzer Kajal, mit dem wir uns die Augen ummalten. Ich stakste auf Stiletto-

Absätzen durch die Gegend, und Gemma hatte eine Sicherheitsnadel, die so aussah, als steckte sie in der Nase. Um diese Zeit herum begann ich sie »Poly Styrene« zu nennen, nachdem wir die echte, stämmig und punkig aufgemacht, in Top of the Pops gesehen hatten. Ich erhielt den Spitznamen »Siouxsie Sioux«, was aber nur um des Ausgleichs willen geschah, denn obwohl sich Gemma so bemühte, ihr Image loszuwerden, blieb ihr der Name. Er passte perfekt zu ihrer nervösen, neurotischen Art, die auch zerrissene Miniröcke und schwarzer Lippenstift nie ganz kaschieren konnten. »Clean my teeth ten times a day«, sang ich ihr vor. »Scrub away, scrub away, scrub away.«

Irgendwann ließen wir die Punkphase hinter uns. Es folgten mein geliebter schwarzer Volantrock und die Spitzenhandschuhe à la Madonna, die an den Fingern braun waren, weil ich inzwischen rauchte. Während ich Ohrgehänge und Rüschenblusen im New-Romantic-Look trug, schwenkte Gemma auf Student Goth um und lief in schwarzen Stiefeletten, Leggins, einem Wintermantel aus Armeebeständen und einem langen violetten, quastenbesetzten Kleid herum.

Aber ich greife den Dingen vor. Ihre Grunge-Phase begann erst später, als sie viel zu viel kiffte und die Schule abbrach. Vor dieser Zeit donnerten wir uns auf, was das Zeug hielt. Wir machten uns stundenlang zurecht und experimentierten mit Make-up, Haarspray und Netzstrumpfhosen. Dann zogen wir mit diesem ängstlichen, flattrigen Gefühl im Bauch los in die tristen Discos und Jugendclubs, deren Stammgäste wir damals waren, und taten so, als liefen wir immer in dieser Aufmachung herum. Den restlichen Abend verbrachten wir damit, die Jungs aus der fünften Klasse zu ignorieren, während wir uns verzweifelt wünschten, dass einer von ihnen uns zum Tanzen aufforderte – eben der ganze nervenaufreibende Konkurrenz-Mist, begleitet von ständigem Gekichere. Im Nachhinein ist mir bewusst, dass es für Gemma sehr, sehr schwer war. Sie machte sich stundenlang zurecht und saß dann den ganzen Abend todunglücklich da und kaute an den Haaren, während die Jungs mit mir herumknutschten. »Du lebst mein Sexleben für mich aus!«, sagte sie einmal nach einem solchen Discobesuch. Ich kapierte nicht recht, was sie meinte, und zwinkerte ihr nur lächelnd zu.

Mein Problem war, dass ich die Jungs aus der Schule, sobald ich mir einen geschnappt hatte, mit ihren stümperhaften Verführungsversuchen und unbeholfenen Liebesbeteuerungen einfach nur peinlich fand. An der Uni war es nicht viel anders. Ich weiß nicht, warum, aber während sich bei Gemma immer mehr Bücher anhäuften, sammelte ich solche jämmerlichen, devoten Verehrer. Die erste Phase gefiel mir immer – wenn sie mir nachliefen, dann der erste Kuss, die ersten Wochen voller Leidenschaft –, doch dann begann es mich anzuöden, und das Ganze wurde mir viel zu anstrengend. Keiner war mir recht, und eine spießige Klammerbeziehung war das Allerletzte, was ich wollte. Ich wollte Aufregung, Abwechslung, verstehen Sie? Mit neunzehn, zwanzig gab es für mich im Leben noch so viel zu entdecken, dass ich es nicht mit irgendeinem linkischen Kerl verbringen wollte. Außerdem redete ich mir ein, gar keinen Mann zu wollen. Ich hatte mich nämlich, wie es damals an der University of Sussex Mode war, zur Feministin erklärt.

Dora Heldt

## Meine beste Freundin

Frauen sind offenbar ohne beste Freundin nicht lebensfähig, sie brauchen Symbiosen. Am besten mit Mann und bester Freundin. Wobei sich beide natürlich mögen müssen. Nur nicht zu doll. Ich schweife ab. Wieso habe ich keine beste Freundin? Vielleicht, weil ich entweder einsame Wölfin oder Rudeltier sein möchte?

Dabei habe ich ein sehr nettes Rudel. Ich habe eine Mitwölfin für die Sauna, eine für die Arbeit, eine für Urlaube, eine zum Betrinken, eine zum Bekochen. Alles da, nur nicht die Beste.

Meine Freundin Karola würde jetzt sagen, dass wir für die beste Freundin zu alt sind. Wir haben sie ja gehabt, vor Jahren. Sie hat aber unsere Barbiepuppen gedemütigt, in Mathe nur Einsen bekommen, ohne abschreiben zu lassen, bei den Bundesjugendspielen die Ehrenurkunde statt unserer lumpigen Siegerurkunde gekriegt, hatte weniger Pickel, dafür mehr Busen, hat uns den Freund ausgespannt und als Erste den Führerschein gehabt. Das sind Dinge, die trennen. Und das passiert alles bereits vor dem richtigen Erwachsenwerden. Dann gehen die Probleme ja erst los, wenn die beste Freundin den falschen Mann heiratet, ein zu großes Haus kauft und zu dicke Kinder kriegt. Weil sie das nur macht, um die beste Freundin zu ärgern. So sind sie. Gemein.

Dabei fällt mir ein, dass meine Freundinnen alle mehr Busen hatten, was nicht schwer war. Und wir haben gleichzeitig den Führerschein gemacht. Und die Ehrenurkunde hat nur eine bekommen, die war sowieso bescheuert und nie meine Freundin, Pickel hatte ich nicht und den Freund, der sowieso doof war, den hat die Ehrenurkunde abgegriffen. Selber schuld.

Was sagt uns das alles? Nichts. Man sollte mehrere bessere Freundinnen haben. Hat man doch auch. Dann hört vielleicht endlich der Mythos von der besten Freundin auf.

Josefine Berger

## Einmal im Jahr

*Claudschi:* Du hast schon wieder abgenommen! Was ist das für eine Haarfarbe?
*Manu:* So ein Unsinn, ich gehe nur wieder öfter laufen. Wahnsinn, ist der Lukas groß geworden, ist der schon im Kindergarten? Die Haare, alles Natur, mir reicht es mit dem Färben.
*Hanna:* Wusstest du, dass 97 % aller Frauen ihre Haare färben? Steht dir gut übrigens.
*Rita:* Trinkt eine keinen Kaffee?
*Manu:* Trinken wir keinen Schampus? Wir sehen uns doch so selten.
*Claudschi:* Aber jetzt schon, am Nachmittag!?! Emilia, lass den Lukas in Ruhe, das ist seine Schaufel! Was macht der neue Job, Rita? Wo ist das genau, in der Presseabteilung von dem Dingsmuseum?
*Rita:* Kunsthalle. Also, ich weiß nicht, eigentlich ist er nicht schlecht. Aber das ist mir zu wenig Inhalt. Nebenbei arbeite ich jetzt für die »Herr der Ringe«-Gesellschaft.
*Manu:* Du machst was? Ist das wieder Esoterik? Und was ist aus deinen Tai-Chi-Kursen geworden?
*Hanna:* Erinnert ihr euch noch an Günther, Ritas Tai-Chi-Lehrer in Regensburg? Der war ja so was

von unsympathisch. Wie konntest du nur mit dem eine Affäre haben!

*Claudschi:* Wir haben die Männer der anderen nie leiden können.

*Rita:* Stimmt. Und zum Glück. Ist auch schon lange her, dass wir uns einen geteilt haben.

*Manu und Hanna gleichzeitig:* MICHAEL MISTELBERGER!

*Hanna:* Stell dir vor, den habe ich neulich mit seiner schwangeren Freundin gesehen. Mein Gott, war das peinlich. Der Trottel hatte uns gleichzeitig …

*Rita:* Dafür seid ihr ja jetzt alle glücklich und in festen Händen. Gibt es nun Schampus oder nicht? Ich kauf den Kindern mal ein Eis. Darf die Annamaria auch schon eins haben, wie alt ist deine Kleine eigentlich jetzt?

*Manu:* Zweiundeinhalb, sie darf.

*Rita:* Was, so alt, du warst doch gerade erst schwanger! Wollt ihr eigentlich kein zweites Kind?

*Manu:* Nein, ich gehe lieber wieder arbeiten, wische mir jeden Tag die Rotzflecken von der Schulter und falle abends um neun ins Koma. Aber das sag ich nur zu euch.

*Claudschi:* Jaja, Muttersein, nur schön, nur herrlich. Ich glaube das keiner mehr!

*Hanna:* Was bin ich froh, dass Sophie schon in die Schule kommt. Sie isst normal, sie schläft normal, sie kleidet sich normal, mitunter benutzt sie schon ihren Verstand.

*Claudschi:* Dafür hast du auch früh angefangen. Weißt du noch, wie du vor sieben Jahren hochschwanger aus der WG in der Josefstraße ausgezogen bist, als Erste?

*Hanna:* Ich werde mich von Markus trennen.

*Claudschi:* Ist nicht wahr!

*Hanna:* Es geht nicht mehr. Diese Kälte, diese Fremdheit ist immer schlimmer geworden, unerträglich, irgendwie. Das ist die kurze Kurzfassung.

*Rita:* Aber ihr seid doch immer unser Dream-Team gewesen, das Vorzeige-Paar aus dem Hollywood-Film! Du warst die Einzige von uns, die den Mann ihrer Träume gekriegt hat. Was ist denn passiert?

*Hanna:* Ich weiß es nicht. Ich bin mir jetzt sicher, dass Markus eigentlich schwul ist.

*Manu:* Au.

*Claudschi:* Komm, lass dich in den Arm nehmen. Wenn du nicht glücklich bist, musst du ihn verlassen. Es wird schon alles gut, du schaffst das. Warum sind neuerdings alle schwul? Ist das doch eine Krankheit.

*Manu:* Wir wären schon lange Nobelpreisträgerinnen, würden wir uns weniger um das Verliebtsein kümmern.

*Rita:* Du hast recht. Immer diese leere Stelle im Kopf.

*Hanna:* Warum merke ich mir nie, wie spät es in San Antonio ist. Ich würde dich gern öfter anrufen.

*Claudschi:* Acht Stunden früher, immer acht Stunden früher. Aber mach dir deswegen keine Sorgen. Ich denke auch so oft an dich.
*Hanna:* Ihr fehlt mir.
*Manu:* Vorsicht, Sophie, Wespe!
*Rita:* Aber zumindest schaffen wir es noch, einmal im Jahr.

*Einer Freundschaft,*

*die lebendig ist,*

*gehen die Themen nie aus,*

*sondern da gibt es*

*einen frischen und unerschöpflichen Dialog.*

Erika Pluhar

## Janet Flanner an Natalia Danesi Murray

*9. Juni 1944*

*DARLING,*

*ICH WERDE DIR MEINEN NÄCHSTEN FELDPOSTBRIEF AUF DER MASCHINE UND IN GROSSBUCHSTABEN SCHREIBEN (das war schon mal eine Geschicklichkeitsübung für meine Hand), damit die fotografische Verkleinerung auf ein Viertel der Originalgröße dich nicht dein Augenlicht kostet, wie es mir mit deinem höchst willkommenen Brief von gestern erging. Deine exzentrische originalrömische Schrift war wirklich absurd verkleinert! Es bedurfte deiner Mutter, ihres Vergrößerungsglases, meiner Benjamin-Franklin-Stahlbrille und einiger beiläufiger Kommentare deines Sohnes zu den Randnotizen, um zu entziffern, was du wohl geschrieben hast. Also bitte, Darling, geh etwas großzügiger mit der Tinte um … Ich habe festgestellt, dass einige Leute in Einsamkeit oder Betrübnis aufblühen und gedeihen, edler im Denken und in der Sprache und ganz allgemein besser werden; aus mir ist keine Blume geworden, sondern ein Unkraut; seit einiger Zeit bin ich säuerlich, bitter, unfreundlich geworden. Es erschreckt mich, dass dies meine wahre Natur ist; es ist mir bisher nie klar geworden, und ich versuche es mit dem*

*Verstand – du kennst mich – zu rechtfertigen. Da man doch mit dem Verstand wahrnimmt, was los ist, bleibt mir nichts anderes übrig, als zu versuchen, etwas mit dem Verstand zu ändern, womöglich sogar meinen Charakter. Ich glaube, die Einsamkeit, die meine Schwester Maria in ihrem Altjungferleben ertragen musste, hat sie scharfzüngig und ihre Seele ranzig gemacht, die Arme. Wir sehen uns ziemlich ähnlich und gleichen einander tatsächlich auch so, dass mich das manchmal alarmiert … Gott verzeih mir … um von Blumen zu sprechen, will ich dir einige zauberhafte dunkelrosa Blüten ankündigen, eine Art Glyzinie, die man jetzt an einem der merkwürdigen Stöcke sehen kann, die Sylvester letzten Herbst in unseren Garten gepflanzt hat mit dem Versprechen, es seien Kletterpflanzen. Kletterpflanzen sind es immer noch nicht, sondern Stöcke, aber die Blüten sind jedenfalls wahr geworden … Deine wiederholten Hinweise darauf, wie anstrengend es zur Zeit in Europa ist, machen mich traurig; auf meine Weise habe ich es erwartet und darüber mein weißes Haar vergessen; hatte wohl auch vergessen, bis du mich wiederholt darauf hingewiesen hast, dass Jugend und Ausdauer ganz wesentlich sind, um die gewaltige Bewegung eines Verwaltungsapparates, wie sie ein moderner Krieg erfordert, durchzuhalten. Wenn ich mich – mit Widerwillen – im Spiegel betrachte (selten häufiger als einmal am Tag, um festzustellen, dass ich mich falsch gepudert habe, mein Lippenstift aber richtig sitzt), sehe ich mich jetzt mit den Augen eines Europäers, den meine Ankunft im Schat-*

*ten der Befreier zu der Frage veranlasst: Mais quelle vielle femme, et quoi pense-t-elle faire à son age ici?*

*Darling, ich vermisse dich einfach schrecklich; das ist die Wahrheit. Durch deine Abfahrt fühle ich mich beiseite gedrängt wie ein altes Möbelstück, für das kein Platz mehr ist. Es gibt kein Zeitgefühl mehr, keinen Grund mehr aufzustehen, kein Vergnügen am Frühstück, keine freudige Erregung am späten Nachmittag, wenn du von unten herauf riefst und einen Cocktailino verlangtest und ich eccolino antwortete … Am Mittwoch gehe ich für drei Tage nach Washington wegen der [Charles] Bedaux-Geschichte; ich werde dich auch dort vermissen, aber da ist es erträglicher, weil ich bestens abgelenkt sein werde. Wahrscheinlich übernachte ich bei Daphne und Geoff Hellman; keine Hotels. Ich bin bereit, entweder zu zahlen oder bezahlt zu werden, Philosoph. Liebste, dir alles: Zärtlichkeit, Kühnheit, Liebe, Patriotismus und Stolz.*

## In das Stammbuch einer Freundin

*Wandle fröhlich durch des Lebens Stürme!*
*Nur die Tugend sei dein fester Stab!*
*Und der Unschuld sanfte Hand beschirme*
*deine edle Seele bis ins Grab!*

*Ruhig, Freundin, fließe gleich der Quelle*
*ungetrübt dein stilles Leben hin;*
*lächelt oft die Freude dir nicht helle,*
*o so sei es hell im innern Sinn!*

*Freundschaft soll mich fest mit dir verbinden,*
*bis ich steige zu der kühlen Gruft,*
*und auch dann wirst du mich wiederfinden,*
*wenn uns Gott ins bessre Leben ruft.*

*Nichts wird dort mehr unsre Seelen trennen:*
*Freundschaft, die uns jetzt so glücklich macht,*
*lernen wir dann nur noch besser kennen,*
*wenn ihr Engel uns entgegenlacht.*

Luise Egloff

Lily Bret

# Zu sehen

Manche Dinge ändern sich nie. Ganz gleich, wie sehr man selbst glaubt, sich verändert zu haben. Ganz gleich, wieviel Klarheit, Weisheit oder Reife man erworben zu haben denkt. Ich fühle mich noch genauso verletzt wie als Teenager, wenn eine Freundschaft nicht das hält, was ich mir von ihr versprach.

Freundschaft, wirkliche, tiefe Freundschaft – ein Thema, das mich fast mein ganzes Leben lang beschäftigt hat – hat sich mir auf seltsame Weise entzogen. Gelegentlich habe ich immer noch die Vision von der besten Freundin. Die Freundin, die alles mit mir teilt. Die Freundin, zu der es wirklich eine Verbindung gibt. Eine Verbindung untereinander, zu ihrem und zu meinem Partner, ihren und meinen Kindern, ihrer und meiner Vergangenheit.

Vielleicht sehne ich mich nach der leidenschaftlichen, ungezügelten Freundschaft aus jüngeren Jahren. Jenen Jahren, in denen man nicht wartet, ob man sich gut fühlt oder gut aussieht oder darauf achtet, den passenden und nicht etwa einen unpassenden Moment zu erwischen, in dem man jemanden besucht. Vielleicht sehne ich mich nach der unbedachten, ehrlicheren, weniger auf Konkurrenz ausgerichteten Freundschaft der Jugend.

In den letzten Jahren habe ich einige Male versucht, meine Version einer tiefen Freundschaft in die Realität umzusetzen, was natürlich nicht funktioniert hat. Die betreffenden Frauen hatten keine Ahnung, auf was sie sich da eingelassen hatten.

Mein Mann versteht dieses Bedürfnis nach Freundinnen nicht. Er hat sich nie einen besten Freund gewünscht. Sein bester Freund bin ich. Er verweist darauf, daß wir viele Freunde haben. Vielleicht verstehe ich mein eigenes Bedürfnis selbst nicht.

Liebe »Alte Wracks«, arme Gürtelrosenopfer;
Zeit- und Erinnerungsgenossen;
versammelte und unversammelte;
Freundin; Gefährtin; – und alle anderen
lieblichen Visagen der Vergangenheit!

Renate Capelle

Es ist klug, den Mechanismus der Freundschaft
mit dem Öl des Feingefühls zu schmieren.

Sidonie Gabrielle Colette

# 3

# Abschiede und Erinnerungen

Delphine de Vigan
## No & Ich

Wenn ich mich abends von ihr trenne, weiß ich nicht, wo sie schläft, meistens verweigert sie nur die Antwort, manchmal springt sie hastig auf, weil irgendwo Aufnahmeschluss ist, sie muss rasch ans andere Ende von Paris, um ihren Platz in einer Warteschlange einzunehmen, eine Reihen- oder Zimmernummer zu bekommen, um in einem von den anderen Benutzern versifften Waschraum zu duschen und dann in einem Schlafsaal nach ihrem Bett zu suchen, dessen Bettzeug voller Läuse und Flöhe ist. Manchmal weiß sie nicht, wohin, weil sie den SAMU social, dessen Anschluss meistens besetzt ist, nicht erreichen konnte oder weil schon alles belegt ist. Ich sehe zu, wie sie, ihren holpernden Koffer im Schlepptau, durch die Feuchtigkeit der letzten Herbstabende davongeht.

Manchmal lasse ich sie auch vor einem leeren Bierglas zurück, ich stehe auf, ich setze mich, ich trödele herum, ich suche nach etwas, womit ich sie trösten könnte, ich finde nicht das rechte Wort, ich schaffe es nicht zu gehen, und sie senkt den Blick und sagt nichts. Und in unserem Schweigen lastet alle Ohnmacht der Welt, unser Schweigen ist wie eine Rückkehr zum Ursprung der Dinge, zu ihrer Wahrheit. (...)

Ich bin gut angezogen. Ich trage einen sauberen Mantel mit einem funktionierenden Reißverschluss, geputzte Schuhe, einen Markenrucksack, mein Haar ist glatt und gut geschnitten. In einem Logikspiel, in dem man den Eindringling erraten müsste, käme man sehr schnell auf mich.

Die Gespräche setzen wieder ein, leise und aufmerksam, ich gehe näher an sie heran.

Ich komme nicht dazu, den Mund zu öffnen, sie wendet mir den Kopf zu, ihr Gesicht ist hart, verschlossen.

»Was treibst du hier?«

»Ich hab dich gesucht …«

»Was willst du?«

»Ich hab mir Sorgen um dich gemacht.«

»Mir geht's sehr gut, danke.«

»Aber du …«

»Mir geht's gut, hast du verstanden? Mir geht's sehr gut. Ich brauche dich nicht.«

Sie hat mit erhobener Stimme gesprochen, durch die Schlange geht ein Raunen, ich verstehe nur Bruchstücke, was ist los, es ist die Kleine da, was will sie, ich kann mich nicht mehr rühren, No stößt mich brüsk zurück, ich rutsche vom Bürgersteig, ich kann meinen Blick nicht von ihrem Gesicht lösen, sie hält die Hand weiter ausgestreckt, um mich auf Distanz zu halten.

Ich möchte ihr sagen, dass ich sie brauche, dass ich nicht mehr lesen kann, nicht mehr schlafen, dass sie nicht das Recht hat, mich so allein zu lassen, obwohl ich weiß, dass es eine verkehrte Welt ist, die Welt dreht sich sowieso verkehrt herum, man braucht sich bloß umzuschauen, ich möchte ihr sagen, dass sie mir fehlt, obwohl sie es ist, der es an allem fehlt, an allem, was man zum Leben braucht, aber ich bin auch ganz allein, und ich wollte sie abholen.

Die Ersten betreten jetzt das Gebäude, die Schlange rückt rasch vor, und ich folge ihr.

»Hau ab, Lou, ich sag's dir. Du gehst mir auf den Geist. Du hast hier nichts zu suchen. Das ist nicht dein Leben, verstehst du, das ist nicht dein Leben!«

## Josefine Berger
## Das neue Leben

*Durch dich habe ich erfahren,*
*wer ich bin*
*und wie ich sein kann.*
*Weil du meine Freundin geworden bist,*
*habe ich angefangen,*
*mehr vom Leben zu sehen.*
*Du hast mich stark gemacht,*
*neugierig und mutig.*
*Du hast es mir gezeigt,*
*das Lachen und das Weinen,*
*das eine*
*wie das andere.*
*Wir sind füreinander da,*
*du hilfst mir,*
*weil du die Wirklichkeit*
*mit Geduld und Sorgfalt betrachten kannst*
*und du die Wahrheit dazwischen suchst.*

Nicht viel tugendhaftere Gedanken bewegten derweilen das Herz der Küstertochter Veronika, die neben mir auf der Schulbank saß, »Küsters Vrony« unter uns genannt. Auch sie hatte wenig wissenschaftliche Bestrebungen, dagegen für alles Komische einen besonders offenen Sinn, für dessen Entwicklung sie die Schulstunden vorzüglich geeignet fand. Ich leistete ihr dabei treuliche Hilfe.

Schon ihr Gesicht hatte für mich etwas zu dieser Tätigkeit besonders Anregendes. Es war, als wenn die verschiedenen Teile gar nicht zusammengehörten. Die grauen Augen sahen einen durchdringend klug an, indessen die kleine runde Nase einen solchen Ausdruck von Naivität mit sich führte, dass man ihr das Äußerste in dieser Richtung hätte zutrauen können, wenn nicht die schelmischen Mundwinkel von unten herauf sich wie darüber mokiert hätten.

Wir waren nahe Freunde. Anschauen konnten wir uns nie, ohne dass uns ein unwiderstehliches Lachen ergriff, teils in Erinnerung dessen, was wir uns mitgeteilt hatten, teils in Ahnung dessen, das wir uns gleich mitteilen würden. Das brachte uns in manche Verlegenheit, denn das eine Auge des alten Schullehrers war doch etwa auf seine Schule gerichtet, indess das andere die Zeitung las.

Oh, welche Töne glückseliger Befreiung hatte doch jene Vier-Uhr-Glocke, die täglich ersehnte! Dann ging die Tür auf, und hinaus stürmten wir in den Abendwind, zu jauchzen und zu lachen endlich in ungehemmten Strömen. Am spätern Abend fanden wir uns gewöhnlich noch einmal zusammen, wenn der Tag sich neigte; da hatte Vrony noch einen freien Moment. Dann rannte ich den Hügel hinunter. Auf dem Rasenplatz bei der Kirche erwartete mich Vrony. Dann kletterten wir auf die Kirchhofsmauer und sprangen auf der andern Seite hinunter auf den Weg und rannten davon über die Wiesen nach dem Rasensitz, wo die Eschen rauschten und der Himmel gegen den Abend golden glühte. Drüben standen die dunkeln Felsenspitzen des Pilatusberges auf dem lichten Abendhimmel, und die Hügel umher lagen so lockend grün im Abendschein. Dann tönte die Betglocke von der nahen Kirche herüber; wir standen still und lauschten und schauten nach dem verglimmenden Licht fern hinter den Felsenzacken.

Oft erstaunte mich Vrony an solchen Abenden. Wenn wir so dastanden, sah ich auf einmal, wie aus ihren Augen ein seltsam warmer Strahl der sinkenden Sonne nachglühte und ein Hauch der Verklärung über ihr Gesicht kam, dass mich der Gedanke durchfuhr: Wenn Vrony ein verlornes Königskind wäre! Wenn dann aber der alte Küster mit seinen Kirchenschlüsseln heranrasselte nach dem Verstummen der Betglocke, verwandelte sich plötzlich Vronys Ausdruck und ganzes Wesen; sie kehrte sich um und sah ganz gewöhnlich aus, nur etwas verhaltener Grimm sass ihr in den Augen. Wir fürchteten beide den alten wortlosen Küster. Vrony folgte ihrem Vater; es war für sie Zeit, an die Arbeit zu gehen.

Wenn ich dann nach einigen Streifzügen durch die Dämmerung wieder über den stillen Wiesenpfad zurückkehrte, trat ich noch an das niedrige Fenster der Küsterwohnung und sah drinnen beim matten Schein der Öllampe den alten Küster mit seinem grauen, unbeweglichen Gesicht am Webstuhl sitzen, und hinten an der Wand Vrony mit ihrem Spulrad drehend und drehend ohne Unterbrechung, als ob ein inneres Feuer die Finger und das Rad antriebe fort und fort.

Vrony hatte keine Mutter mehr; sie hatte für sich und den Vater hauszuhalten; daneben musste sie dem alten Küster und Seidenweber überall an die Hand gehen, so auch die kleinen Seidenspulen am Rade drehen, die er in großer Anzahl bedurfte, so dass Vrony noch allabendlich eine große Aufgabe zu lösen hatte, wenn andere Kinder längst Lust und Leid des Tages verschlafen und vergessen konnten. –

Vrony hatte Charakter. Das hätte ich zwar damals nicht so zu nennen gewusst, aber es war die eine Seite ihres Wesens, die mich zu ihr zog; die andere war das Poetische, Phantasievolle, das sie wohl unmittelbar aus der Poesie weckenden Natur, die uns umgab, geschöpft hatte. Gewiss war wenigstens in dieser Umgebung der Keim zur Entfaltung gekommen, wie es kaum geschehen wäre anderswo. Das kam aber alles mehr in ihrem Sein und Wesen als gerade in Worten zum Vorschein; doch konnte sie etwa auch einmal in Worten heraustreten, aber nur, wenn wir allein waren, wie an jenem Frühlingsabend, da ich dich herauslockte, gute Vrony!

*Ein wenig Güte ist das stille Glück jeder Freundschaft.*

George Eliot

## Gertrud Bielenberg und Käte Bielenberg
## 92 und 87 Jahre alt
## Lehrerin a. D. und Hausfrau

Wir sind im ersten Jahr schon Freundinnen geworden und sind als einzige auch zusammengeblieben. Wir hatten es manchmal schwer, aber zusammen haben wir es geschafft. Wenn wir mal so richtig am Boden waren, haben wir uns aneinander aufgerichtet. Jede hat ihr Bestes gegeben, und wir konnten uns restlos aufeinander verlassen. 1938 kamen wir wieder nach Hamburg zurück, und nach einiger Zeit waren wir sogar an derselben Schule. Für alle gehörten wir beide zusammen. Als der Krieg kam, mussten Kätes Eltern in ihrem Haus Bekannte aufnehmen, und daraufhin ist sie zu mir gezogen, denn ich lebte bei der Großmutter mit viel, viel Platz. Wir haben ihre Eltern oft besucht, die immer sehr nett zu mir waren. Sie lebten richtig als Familie mit zwei Geschwistern und Großeltern, das hatte ich vorher nie erlebt. Käte und ich wurden wie Schwestern.

Als ich meinen Mann kennenlernte, habe ich gleich zu Käte gesagt: Du sollst ihn kennenlernen, denn du sollst mir sagen, wie du ihn findest. Ich war nicht wirklich verliebt, das kann man nicht unbedingt sagen. Ich war erst kurz an der Schule, die Arbeit mache mir Spaß, und ich hatte die Freundin – im Grunde ›rauchte ich keinen Mann. Aber als ich nach der Ver-obung in die Schule kam, sagte die Hausmeisterin: Hat denn Ihr Verlobter keinen Bruder? Wieso?, sagte ch. Na, für Ihre Freundin. Daraus ist ja wirklich etwas geworden, und so wurden wir Schwägerinnen. Denn lann kam der Hans, Bruder meines Mannes, aus dem Krieg, er hatte Urlaub, und wir unternahmen zu viert Spaziergänge. Da war ein Spaziergang 1944, den ich nie vergessen werde. Am Sonnabend war Hans ge-kommen, am Montag wurde mein Kind geboren, und meine Schwiegermutter lag vor Schreck todkrank im Bett. Käte blieb bei uns und pflegte alle. Weihnach-en kam ich an Schwiegermutters Bett vorbei, und la sagte sie zu mir: Was sagst du denn zu Hans und Käte, Gertrud? Sie sprach so ein bisschen gewählt. Ich agte: Für mich das Schönste, was es gibt im Leben. Maren, mein erstes Kind, ist am 12. Dezember 1944 geboren, und am 25. Dezember verlobten sich Käte und Hans. Nach dem Krieg haben wir ihre Hochzeit gefeiert. Kätes Eltern waren zu Maren wie richtige Großeltern, obwohl sie meine Tochter war, es war ntzückend.

Wir haben hier im Haus zusammengelebt. Die Kinder haben wir genau geplant, alle zwei Jahre, im-ner abwechselnd. Die beiden ersten wurden noch im Krankenhaus geboren, aber unsere nächsten bekamen wir zu Hause. Wir waren eine richtige Großfamilie im wahrsten Sinne des Wortes, und es ging bei uns wirklich sehr harmonisch zu. Jeder hatte seine Arbeit Käte hatte Küche und Garten, da hatte ich gar nichts mit zu tun, das war herrlich für mich. Ich hatte die Wäsche und damit für acht Personen ja auch allerhand zu tun. Wir machten alles gemeinsam, auch Verreisen, die ersten Jahre immer nach Duhnen, später nach St. Peter Ording. Wenn wir verreisten, kamen die Leute hier von der Straße zusammen, um zu sehen, was und wie wir packten. Vier Kinder und vier Erwachsene, das war was!

*Freunde gewinnt man nicht, man erkennt sie.*

Sprichwort

Fanny Lewald

## Der Spaziergang

An einem Nachmittage hatten wir einen langen Spaziergang gemacht und beschlossen, als die Sonne schon im Sinken war, noch auf den Hügel zu steigen, der die schönste Aussicht nach der Jungfrau bietet. Es war schon ziemlich spät, als wir auf dem Platz anlangten, und wir trafen niemand auf demselben an. Tief im Baumesschatten sitzend, sahen wir eine der schönsten Matten, von Laubwald umschlossen, während zwischen und über den beiden gewaltigen Bergzügen die Jungfrau vor unsern Augen dalag, mit ihren funkelnden und blendenden Schneemassen hoch emporragend gegen das tiefe Himmelblau.

Wir saßen lange schweigend, in Betrachtung dieser Herrlichkeit versunken. Die Sonne ging unter. Wie gebannt hingen unsere Blicke an der Purpurglut, welche den Schnee färbte und die immer tiefer und immer flammender wurde, bis sie den Höhepunkt ihrer Kraft erreicht hatte und nun bleicher und bleicher zu werden begann, ein hinschwindendes Leben. Langsam zog der rote Schimmer sich zurück, aber er sank nicht, er stieg empor. Immer weiter griff das rötliche Violett der unteren Bergesschichten um sich, immer mehr Raum gewann die bläuliche Dunkelheit. Es war das erste Alpenglühen, das ich sah, und die Schönheit des Naturschauspiels ergriff mich außerordentlich. Ich hatte unwillkürlich Theresens Hand erfasst und hielt mich fest.

Wir blieben auf der Höhe, bis es dunkel wurde. Es war so still, dass man die Zikaden schwirren hörte. Aus der Ferne tönten die Glocken weidender Ziegenherden leise zu uns herüber. Als der Nebel sich von der Matte zu erheben und weiß schimmernd den untern Teil des Hügels zu umziehen begann, stiegen wir in das Tal hinab und kehrten in unsere Behausungen zurück. Ich in mein kleines Schweizer Bauernhaus, Therese in den Salon ihres Hotels, in welchem sich eben damals eine große Gesellschaft aus den diplomatischen und Adelskreisen zusammengefunden hatte.

Der Abend hatte mich sehr reich gemacht. Ich hatte eine Freundin gewonnen, wie ich niemlas eine besessen hatte, wie ich nie wieder eine finden werde.

Zaza duzte ihre anderen Freundinnen; in den Tuilerien spielte sie mit jeder beliebigen Gefährtin, sie hatte sehr freie und sogar etwas dreiste Manieren. Indessen waren meine Beziehungen zu ihr eher steif; wir küßten uns weder, noch pufften wir uns; wir sagten immer weiter »Sie« zueinander und unterhielten uns in einer eher distanzierten Art. Ich wußte, daß sie an mir weit weniger hing als ich an ihr; sie zog mich unseren anderen Schulkameradinnen vor, aber das Schulleben spielte bei ihr keine so große Rolle wie bei mir; ganz auf ihre Familie, ihren Umgangskreis, ihr Klavier und ihre Ferien bedacht, gestand sie mir einen Platz in ihrer Existenz zu, der für mich nur unklar umrissen blieb; anfangs hatte ich mich deswegen nicht gesorgt; jetzt aber frage ich mich danach; ich war mir bewußt, daß mein Lerneifer und meine Fügsamkeit sie langweilten; bis zu welchem Punkt schätzte sie mich? Es kam gar nicht in Frage, daß ich ihr meine Gefühle offenbarte oder etwa versuchte, die ihren kennenzulernen. Es war mir gelungen, mich innerlich von den Klischees freizumachen, mit denen die Erwachsenen die Kindheit zu belasten pflegen.

Ich hatte den Mut zu meinen Ergriffenheiten, meinen Träumen, meinen Wünschen und sogar zu gewissen Wörtern. Aber ich stellte mir nicht vor, daß man in aufrichtiger Weise mit einem anderen Wesen einen wirklichen Austausch haben könne. In den Büchern erklären die Leute einander ihre Liebe und ihren Haß, sie legen ihr Herz in irgendwelche Phrasen; im Leben spricht man niemals so gewichtige Worte aus. Das, was »man sagt« ist ebenso geregelt wie das, was »man tut«. Man kann sich nichts Konventionelleres denken als die Briefe, die wir austauschten. Zaza wendete die Gemeinplätze allerdings etwas eleganter an als ich; aber keine von uns beiden gab dem Ausdruck, was sie wirklich bewegte. Unsere Mütter lasen unsere Korrespondenz: diese Zensur war freien Herzensergießungen naturgemäß nicht günstig. Aber selbst in unseren Unterhaltungen beobachteten wir unausgesprochene Regeln der Konvenienz; wir fühlten uns immer ängstlich durch ein gewisses Schamgefühl beschränkt, da wir beide überzeugt waren, daß wir die Wahrheit unseres Innern nicht einfach kundgeben dürften. Ich sah mich also gezwungen, höchst vage Indizien zu interpretieren; das geringste Lob aus Zazas Mund bereitete mir überschwängliche Freude; ihr spöttisches Lächeln, mit dem sie nicht eben kargte, wirkte vernichtend auf mich. Das Glück, das unsere Freundschaft mir schenkte, wurde während dieser undankbaren Jahre von der ständigen Sorge, ihr zu mißfallen, getrübt.

*Ich will dein Freund sein*

*für immer und allezeit in Freud und Leid.*

*Nicht ehe die Berge eben*

*und die Flüsse trocken werden,*

*der Winter zum heißen Sommer wird*

*und der Sommer zum eiskalten Winter,*

*nicht eher will ich mich von dir trennen.*

Schwüre der Freundschaft,
erstes Jahrhundert v. Chr., China

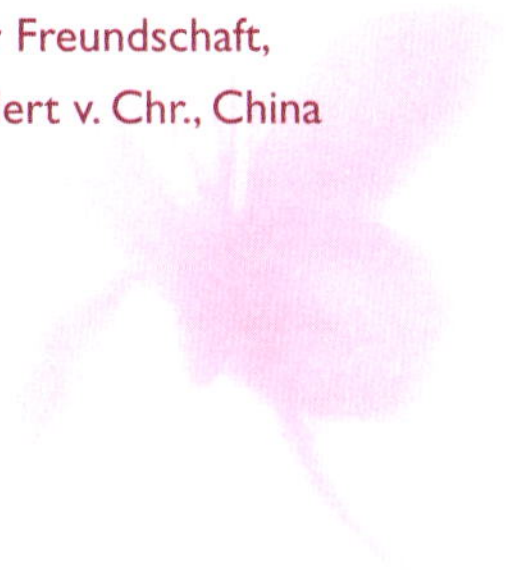

Simone Buchholz

## Warum stoly sein?

Hanni hat schlimmen Kummer. Der Mann, den sie heiraten wollte, hat sie für immer verlassen. Jetzt sitzt sie in meiner Küche, ist noch blasser als sonst und hält mir ihr Herz hin. Ich nehme es in die Hand und sehe es mir mal an. Ja, da ist einiges kaputtgegangen, das wird böse Narben geben. Ich gehe zum Kühlschrank und hole Medizin raus. Wir trinken den Wodka aus Wassergläsern, und Hannis Herz hört langsam auf zu zucken. Alkohol ist keine Lösung, hilft aber.

Spät in der Nacht liegen wir im Wohnzimmer auf dem Teppich. Es ist neblig im Zimmer, weil wir so viele Zigaretten geraucht haben, und es ist neblig in unseren Köpfen, weil wir soviel Wodka getrunken haben. Hanni schielt mich an und Tränen laufen aus ihren Augen.

»Ich würde ihn so gerne anrufen«, sagt sie leise, »aber ich bin zu stolz …«

Ich schaue auf den Fernseher. Michael Hutchence singt, dass er nicht schlafen kann, weil er solche Sehnsucht hat, und Hanni und ich können ihn sehr gut verstehen. »Wozu stolz sein, wenn du am Ende eh stirbst?«, sage ich zu Hanni, und sie lächelt in meine Richtung. Glaube ich.

»Gib mir mal mein Telefon«, sagt sie und deutet, nun, ich denke, sie deutet auf ihre Tasche. Ich gebe ihr die Tasche und ihr Telefon und schenke Wodka nach. Sie nimmt einen großen Schluck und versucht, eine Nachricht zu schreiben. »Das schick ich ihm jetzt«, sagt sie, und dann schlafen wir auf dem Fußboden ein.

Ich wache auf, Hanni hat mich fest im Arm, und nebenan im Schlafzimmer klingelt sich der Wecker einen Wolf. Ich bin eine Stunde zu spät. Ich decke Hanni zu, verlasse mit fliegenden Fahnen und einem mehrstöckigen Einfamilienhaus auf dem Kopf die Wohnung. Im Laufe des Tages versuche ich immer wieder, Hanni zu erreichen, aber sie geht nicht ans Telefon. Als ich abends nach Hause komme, finde ich einen Brief auf meinem Küchentisch:

*Mein Gott. Ist noch Wodka da? Schütt ihn weg! Habe grade in meinem Telefon nachgesehen, was ich heute Nacht verschickt habe. Halt dich fest: »Wozu stoly sein, wenn ich am Ende eh sterbe.« Stoly! Hab mich in meinem Suff doch glatt vertippt. Jetzt hält er mich für komplett bescheuert. Der will doch nie mehr was mit mir zu tun haben! Hab solche Kopfschmerzen. Wir sollten mit dem Trinken aufhören. Melde mich morgen. Hanni*

Ich gehe sofort schlafen und träume die ganze Nacht von Michael Hutchence. Ich wüsste wirklich gerne, ob er sich umgebracht hat oder nur aus Versehen gestorben ist.

Es ist ganz früh morgens. Hanni hat einen Koffer in der Hand. »Ich gehe weg«, sagt sie, »kommst du mit?«

Weg? Ich denke kurz nach. Ich bin gerne hier, aber wir haben uns Kameradschaft geschworen: Wenn die eine über Bord geht, holt sie die andere wieder ins Boot. Nicht ohne meine Freundin.

»Lass mich schnell packen«, sage ich, und Hanni sagt: »Ich hab uns ein Auto geklaut.« Hanni kann machen, was sie will, wenn sie da ist, wird mir warm ums Herz.

»Wo fahren wir hin?«, fragt Hanni, als sie den Wagen startet.

»Ich würde gerne nach Neapel«, sage ich, und Hanni gibt Gas. Mir fällt auf, dass wir gar keine Brote dabei haben.

»Wir hätten gern zwei Tickets nach Las Vegas«, sagt Hanni zu der freundlichen Dame am Schalter.

»Du willst nach Las Vegas?«, frage ich Hanni.

»Du nicht?«, fragt sie.

Ich zucke mit den Achseln. Eigentlich spricht nichts dagegen. Da ist es warm und laut, so wie in Neapel. Wir erstehen also zwei Flugtickets nach Las Vegas und werden fürchterlich aufgeregt. »Gottogott«, sagt Hanni und greift nach meiner Hand.

Im Flugzeug nehmen wir ordentlich Wein aus Flaschen zu uns, und bald lässt auch die Aufregung nach. Als Hanni einschläft, rutscht ihr Kopf auf meine Schulter. Ich sehe die nächsten sieben Stunden aus dem Fenster und denke an früher, als ich noch zu klein war, um Angst zu haben oder Stolz. Hanni macht mit ihren Tränen meinen Pulli nass.

Die Hotels von Las Vegas sind von unvergleichlich ordinärem Luxus. Wir suchen uns ein besonders primitives Stück aus, mit goldenen Wasserhähnen im Zimmer und geschwungenem Pool davor. Das Wasser im Pool hat 35 Grad, steht im Prospekt. »Gott sei Dank«, sagt Hanni, »wo schon die Luft nur 45 Grad hat.« Besonders gute Laune hat sie nicht, ich mache mir etwas Sorgen. »Bist du noch sehr traurig?«, frage ich. »Ja, bin ich«, sagt sie. Dann geht sie ins Kasino, denn: »Könnte sein, dass wir noch Geld brauchen.« Ich schlafe sofort ein. (...)

Wir gehen Hand in Hand den Strip lang, der trockene Wind verhindert, dass wir schwitzen, und das ist es, was ich mir unter verdammt coolen Mädchen vorstelle: mit einem Batzen Geld durch die Wüste spazieren, ohne zu schwitzen.

»Du weißt, warum ich hierher wollte, oder?«, fragt Hanni plötzlich. Ich kann's mir denken: »Du willst immer noch heiraten, hm?« Sie nickt traurig, so wie kleine Hunde nicken, wenn sie gefragt werden, ob sie es waren, die auf den Teppich gepinkelt haben.

»Zur Not kauf ich mir einen Mann«, sagt sie und drückt die Tüte mit dem Geld an ihre Brust.

»Nein«, sage ich, »kaufen musst du dir niemand.«

Eine zum Geld verdienen zu alte Nutte kommt uns entgegen. »Hee«, sagt Hanni, »wozu stoly sein?«

Am nächsten Tag schläft Hanni lange. Ich gehe raus und erstehe beim Waffenhändler um die Ecke eine Pistole. In einer dieser Hochzeits-Kapellen vereinbare ich einen Termin für den Nachmittag.

Die großen, neuen Kasinos, die aussehen wie ganze Städte, haben immer junge, hübsche Kellner. Ich suche einen für Hanni raus und bedrohe ihn heimlich mit meiner Waffe. »Sie müssen keine Angst haben«, flüstere ich ihm auf Englisch zu, »Sie erwartet nichts Schlimmes. Sie sollen nur einer wunderbaren jungen Dame das Jawort geben.« Der Kellner scheint mir etwas verstört, aber immerhin macht meine Pistole in seinem Rücken, dass er nicht weiter fragt und einfach mitkommt.

Im Taxi erkläre ich ihm, worum es genau geht, dass er nichts tun soll, als für einen Nachmittag den Bräutigam zu spielen. Er sagt »Okay, Lady«, und dass ich die Pistole wegpacken könne. Wenn er das Herz einer Dame retten könne, würde er das doch immer gerne tun. Und ob seine Livrée denn zum Brautkleid passen würde? Ah, Brautkleid, ich vergaß. Also gehen mein neuer Freund und ich schnell ein Brautkleid besorgen. Wir nehmen ein einfaches, cremefarbenes, das wird toll zu Hannis rotem Haar aussehen. Der Bräutigam besorgt noch Margeriten, einen großen Strauß, so dass Hanni sich auch noch welche ins Haar packen kann, wenn sie möchte. Ich bin entzückt von meiner Geisel, denn sie denkt an alles.

Hanni sieht wirklich reizend aus. Ihre helle Haut ist fast durchsichtig in dem Kleid, das rote Haar hat der Bräutigam ihr hochgesteckt und überall darin Blumen befestigt. Ich heule vor Glück, denn das erste Mal seit Tagen sehe ich Hanni wieder lachen. Im Taxi zur Kapelle übersetzen wir deutsche Witze ins Englische, und der Bräutigam hält Hannis Hand.

Der Pfarrer sieht aus wie Bob Dylan. Er will schnell machen. Welche Musik das Paar will? »Elvis«, sagt Hanni. Ich zahle, und er schmeißt seine Juke-Box an.

Nach einer Strophe von Suspicious Minds ist Hanni glücklich verheiratet. Nach zwei Strophen sind wir alle tot. Bei »We're caught in a trap, we can't walk out«, stürmt ein uns unbekannter Amokläufer die Kapelle. Er schießt und trifft vier Mal.

»Ich wusste nicht, dass es so wenig schlimm ist«, sagt Hanni, als wir Hand in Hand über die Wolken spazieren.(...)

Gabriele Tergit

## Der Anfang

Sie zog gewollt affektiert die Lampe heran, ließ das übrige Zimmer verdunkeln, stellte ein Glas Wasser neben sich und lehnte sich zurück: »Es ist wenige Tage her, daß ich gleich hier beim Hotel eine Jugendbekannte traf, die ich viele Jahre nicht sah. Annemarie, eine große Schauspielerin, die ihr alle kennt, deren wahren Namen ich aber aus begreiflichen Gründen verschweigen will. Wir freuten uns sehr miteinander, und ich bat Annemarie zu einer Tasse Tee auf mein Zimmer. Sie kam, legte einen kostbaren Pelzmantel ab und zeigte nun ein schlichtes Wollkleid, das sie gut zu tragen wußte, das sie verbarg und einreihte in den Kreis gut verheirateter bürgerlicher Frauen. Ich bat sie, mich einen Augenblick zu entschuldigen und gab ihr die Abendzeitung. Als ich zurückkam, saß sie im Sessel, schaute vor sich hin und lächelte so ein unendlich wissendes und skeptisch hochmütiges Lächeln, daß ich – bitte, ich! – fast erschrak. Ich fragte, was sie so heftig berührt habe, und sie zeigte auf die Vortragsankündigung eines Wiener Nervenarztes. Ich forschte nicht weiter, und wir saßen an meinem Teetisch, freuten uns des behaglichen Raumes, des anmutig geformten Geschirrs, der leckeren Brötchen und einer

Schale duftender Nelken. Schließlich bat ich Annemarie, vorsichtig und behutsam, ob sie mir ihr Erlebnis mit jenem Nervenarzt nicht erzählen wolle. Die schummrige Stunde, der summende Teekessel und die Abgeschlossenheit dieses warmen und kuscheligen Zimmers deuchten mich der rechte Rahmen für den Bericht einer längst vergangenen, bitteren, kurzen und erkenntnisbringenden Begegnung, denn alles das vermutete ich hinter ihrem Lächeln. Sie gab mir recht, und es begann eines jener langen Frauengespräche, die den Männern so verhaßt sind, in denen alles, aber auch alles erzählt wird, die rückhaltlos sind und ohne Scheu. Und vielleicht ist für alles Leid, das der Mann der Frau antut, dies der einzige Trost und die einzige Rache, dies Darüberreden und Erklären und Benennen.«

*»Bleib« ist ein wunderbares Wort*

*im Vokabular einer Freundin.*

Louisa May Alcott

*Ein Brief scheint mir etwas Unsterbliches zu sein.*

*Durch ihn sind meine Freunde mir nah,*

*auch wenn sie schon lange tot sind.*

Emily Dickinson

Katherine Mansfield

# In der Bucht

Die Sonne schien noch voll auf den Garten, als die Hintertür bei den Burnells mit einem Knall zugeschlagen wurde und eine sehr vergnügte Erscheinung den Gartenweg hinunter zum Tor lief. Es war Alice, das Dienstmädchen, herausgeputzt für seinen freien Nachmittag. Sie trug ein weißes Kattunkleid mit großen roten Punkten, so vielen, daß es einen schaudern ließ, mit weißen Schuhen und einem italienischen Strohhut mit Klatschmohn an der aufgeschlagenen Krempe. Natürlich trug sie weiße Handschuhe, an den Druckknöpfen waren Spuren von Rostflecken, und in einer Hand hielt sie einen sehr mitgenommen aussehenden Sonnenschirm, von dem sie als ihrem »Parapluie« sprach.

Beryl, die am Fenster saß und ihr frischgewaschenes Haar trockenfächelte, meinte, nie eine solche Vogelscheuche gesehen zu haben. Wenn Alice ihr Gesicht noch mit einem Korken geschwärzt hätte, ehe sie ausgegangen wäre, so wäre das Bild vollkommen gewesen. Und wohin ging denn ein Mädchen wie dieses an einem Ort wie diesem? Der herzförmige Fidschi-Fächer schlug verächtlich auf ihre hübsche, glänzende Mähne. Sie vermutete, Alice habe irgendeinen ordinären Draufgänger aufgegabelt, und si würden zusammen in den Buschwald verschwinder Dumm nur, daß Alice sich so auffallend zurechtge macht hatte; so ausstaffiert, würde es schwerfaller sich zu verbergen.

Aber nein, das war ungerecht von Beryl. Alice gin zum Tee zu Mrs. Stubbs, die ihr eine »Einladung durch den kleinen Laufburschen geschickt hatte. Si hatte schon immer eine Vorliebe für Mrs. Stubbs ge habt, vom ersten Tag an, als sie in den Laden ging, un etwas gegen Mückenstiche zu kaufen. »Mein liebe Herz!« Mrs. Stubbs hatte ihre Hand in die Hüfte gestützt. »Nie habe ich jemanden so verstochen gese hen. Als hätten Kannibalen Sie gebissen!«

Alice wünschte, die Straße wäre ein bisschen be lebter. Es war seltsam, daß hinter ihr niemand ging Machte sie ganz weich im Rückgrat. Kaum zu glau ben, daß niemand ihr nachsah. Trotzdem wäre e dumm gewesen, sich umzudrehen; das verriet einer Sie zog ihre Handschuhe hoch, summte vor sich hi und sagte zu dem Eukalyptusbaum in der Ferne: »Ic bin bald da«, aber dieser war auch keine wirklich Gesellschaft.

Mrs. Stubbs' Laden thronte auf einem flachen Hü gel, nicht weit von der Straße. Er hatte zwei groß Fenster als Augen, eine breite Veranda als Hut; und da

Schild auf dem Dach, beschriftet mit »Mrs. Stubbs'«, erschien wie eine kleine Karte, flott an ein Hutband gesteckt.

Auf der Veranda hing eine lange Leine voller Badesachen, die so aneinanderhafteten, als seien sie gerade aus dem Meer gerettet worden, und nicht, als warteten sie darauf, ins Wasser zu kommen; daneben hing ein Haufen von Strandschuhen, so durcheinander, daß, hätte man ein Paar herausziehen wollen, man mindestens fünfzig hätte herauszerren müssen. Selbst dann noch wäre es noch ganz unmöglich gewesen, den linken, der zum rechten gehörte, herauszufinden. Viele Leute schon hatten die Geduld verloren und waren mit einem passenden Schuh losgegangen und einem, der etwas zu groß war … Mrs. Stubbs setzte ihren Ehrgeiz darein, von allem etwas zu führen. Die beiden Schaufenster waren so vollgestopft, so hoch getürmt wie unsichere Pyramiden, daß nur ein Zauberer sie davor hätte bewahren können, vornüber zu kippen. In der linken Ecke eines Fensters, mit vier Kaubonbons an die Scheibe geklebt, stand eine Bekanntmachung, seit undenklichen Zeit konnte man dort lesen:

»Verloren!
Hübsche Goldbrosche, massives Gold,
am oder nächst dem Strand verloren.
Finderlohn!«

Alice stieß die Tür auf. Das Glöckchen bimmelte, die roten Sergevorhänge teilten sich und Mrs. Stubbs erschien. Mit ihrem breiten Lächeln und dem langen Schinkenmesser in der Hand sah sie wie ein freundlicher Bandit aus. Alice wurde so herzlich willkommen geheißen, daß es ihr schwerfiel, ihr gutes Benehmen aufrechtzuerhalten. Dieses bestand in dauerndem Hüsteln und Räuspern, Zupfen an den Handschuhen, Zurechtziehen des Rocks und in der Schwierigkeit, mitzubekommen, was geschah, oder zu verstehen, was gesagt wurde. Der Teetisch war in der guten Stube gedeckt – mit Schinken, Sardinen, einem ganzen Pfund Butter und einem so großen Johnny Cake, daß er wie aus einer Reklame für eine Backpulverfirma wirkte. Aber der Primuskocher rauschte so laut, daß es zwecklos war, etwas sagen zu wollen. Alice setzte sich auf den Rand eines Korbstuhls, während Mrs. Stubbs die Spiritusflamme noch höher schraubte. Plötzlich warf sie ein Kissen von einem Stuhl und enthüllte ein großes in Packpapier eingewickeltes Paket. »Ich habe gerade ein paar neue Fotos von mir machen lassen, meine Liebe«, schrie sie Alice fröhlich zu. »Sagen Sie mir, was Sie von ihnen halten.«

Alice befeuchtete auf sehr gezierte feine Weise ihren Finger und schlug das Seidenpapier des ersten zurück. Himmel! Wie viele das waren! Mindestens drei Dutzend. Und sie hielt das erste ins Licht:

Mrs. Stubbs saß gänzlich zur Seite gedreht in einem Sessel. Ein Ausdruck milder Verblüffung lag auf ihrem breiten Gesicht, und das zu Recht. Denn obwohl der Sessel auf einem Teppich stand, war links davon, wunderbarerweise genau an den Teppichrand grenzend, ein schäumender Wasserfall. Ihr zur Rechten stand eine griechische Säule zwischen zwei Riesenfarnen, und im Hintergrund türmte sich ein unheimlicher, schneebedeckter Berg.

»Herrliche Dekoration, nicht?« schrie Mrs. Stubbs herüber; und Alice schrie gerade »Entzückend«, als der bullernde Primuskocher erlosch, verpuffte, ausging, und sie sagte »Wirklich hübsch« in die erschreckende Stille.

»Rücken Sie Ihren Stuhl heran, meine Liebe«, sagte Mrs. Stubbs und fing an, einzuschenken. »Ja«, sagte sie nachdenklich, als sie ihr die Teetasse hinüberreichte, »aber ich kann das Format nicht leiden. Ich lasse eine Vergrößerung machen. Vielleicht ganz schön für Weihnachtskarten, aber ich für meinen Teil war nie für kleine Fotos. Man hat nichts davon. Um die Wahrheit zu sagen: Ich finde sie trostlos.«

Alice verstand genau, was sie meinte.

»Größe«, sagte Mrs. Stubbs. »›Man gebe mir Größe‹ – Das war es, was mein seliger Mann immer sagte. Er konnte alles, was klein war, nicht leiden. Machte ihn kribbelig. Und so komisch, wie es klingt, Liebes«

– hier knarrte Mrs. Stubbs' Stuhl, und sie schien sic aufzublähen bei der Erinnerung –, »es war ein Wasserbauch, der ihn am Ende hinweggerafft hat. Viel Male haben sie ihm halbe Liter abgezapft im Krankenhaus ... Es war wie zur Strafe.«

Alice brannte darauf, zu erfahren, was genau es wa das sie ihm abgezapft hatten. Sie riskierte ein »Ic nehme an, es war Wasser«.

Aber Mrs. Stubbs fixierte Alice und erwiderte bedeutungsvoll: »Meine Liebe, es war Liquid.«

»Liquid!« Alice sprang vor dem Wort davon wi eine Katze und kehrte zu ihm zurück, schnupper und auf der Hut.

»Das ist er!« sagte Mrs. Stubbs und deutete dramatisch auf den lebensgroßen Kopf und die Schulter eines stämmigen Mannes mit einer künstlichen weißen Rose im Jackettknopfloch, die einen an das Gekräusel von kaltem Hammelfett denken ließ. Direk darunter stand in silbernen Buchstaben auf der rote Pappe: »Fürchte dich nicht, ich bin es.«

»Er hat ein sehr nettes Gesicht«, sagte Alic schwach.

Die blaßblaue Schleife hoch oben auf Mrs. Stubb blondem Kraushaar zitterte. Sie bog ihren feiste Nacken vor. Was für ein Nacken! Am Ansatz war e hellrosa, dann wechselte er zu einer warmen Aprikosenfarbe, die in die Farbe eines braunschaligen Eie überging und dann zu einem dunklen Cremeton wurde.

»Trotzdem, Liebes«, sagte sie plötzlich. »Das Beste ist doch die Freiheit!« Ihr leises Vorsichhinkichern hörte sich wie ein Schnurren an. »Das Beste ist die Freiheit!« sagte Mrs. Stubbs noch einmal.

»Freiheit!« Alice gab ein lautes, kleines, dummes Kichern von sich. Es war ihr unbehaglich zumute. Ihre Gedanken flogen zurück in ihr Küchenreich. Wirklich seltsam! Sie wäre am liebsten schon wieder zurück gewesen.

*Am schönsten sind die Erinnerungen,*
*die man noch vor sich hat.*
Jeanne Moreau

Christine Weiner

## Cornelie

Meine Freundin Cornelie trat mit 18 Jahren in mein Leben. Bereits drei Jahre später zogen wir zusammen. Eigentlich sollte diese WG bis zum Rentenalter halten, doch Cornelie wurde bereits mit 21 Jahren schwanger, und so wurde nichts aus der Idee der »beiden Fräuleins in dem Haus«. Da ich damals Hebamme werden wollte, freute ich mich natürlich riesig auf das Kind. Ich wurde Patentante und Cornelies Tochter ist heute eine junge, schöne und erwachsene Frau. (…)

Es war Cornelie, die am Bett meines Vaters saß, wenn ich auf Reisen war, und es war Cornelie, die mich hielt, als die Trauer mich fast überwältigte, als er starb. An meinem 40. Geburtstag war sie die erste, der ich gestand, dass 40 werden doch nicht lustig ist. (…) Ich lebe schnell, und es ist anstrengend, mit mir Schritt zu halten. Immer häufiger musste ich erkennen, dass Cornelie weder mithalten konnte noch dass sie das überhaupt versuchte. Ihre Gangart ist verhalten. Unsere Freundschaft wandelte sich mit den Jahren in eine Verbindung, die zwar voller Vertrauen, jedoch ohne neue Ideen war. Für sie war das, was ich forderte, zu viel, für mich auf einmal das zu wenig, was uns verband. (…) Eine neue Frau, Pe, trat mit einem Mal in mein Leben, eine, mit der ich all das teilen konnte, bei dem es Cornelie an Erfahrung und Einblick mangelte. Ich verschwieg es ihr.

Pe wurde mehr und mehr meine neue Freundin. (…) In einem heftigen Streit kam heraus, dass Cornelie sich von mir komplett überfordert fühlte. (…) Wir legten die Karten beide auf den Tisch, und in diesem Gespräch erzählte ich ihr zum ersten Mal von Pe.

Wie schon häufiger zuvor konnte ich auch diesmal von Cornelie lernen. Sie empfand weder Eifersucht, noch sah sie sich zurückgesetzt, sondern war einfach froh, dass es eine Frau in meinem Leben gab, mit der ich teilen konnte, was sie nicht interessierte oder zu dem sie nichts zu sagen hatte. »Unsere Freundschaft bleibt doch trotzdem«, erklärte sie mir ruhig und drückte meine Hand. Ich hatte einen dicken Kloß im Hals, und es wurde mir augenblicklich klar, dass nicht Cornelie die Verbohrte, sondern ich die Kleinkarierte in unserer Freundschaft war. Ich hatte übersehen, dass Freundschaft mehr war als Business, Kunst und Literatur. Cornelie hatte mir durch ihr Verhalten gezeigt, dass sich die Bedürfnisse in einer Freundschaft zwar verändern können, dass es aber einen Wert gibt, der –

so man ihn will, beachtet und pflegt – diese Zerreißprobe durchaus überstehen kann. Dass es nichts gibt, das dann verschwinden, weggenommen oder gestohlen werden kann, wenn man Vertrauen und Zuversicht behält. Es gibt etwas, das »bleibt«, auch wenn man sich nicht mehr so oft sieht. Meine Freundschaft mit Cornelie hat sich seit diesem Gespräch verändert. Obwohl – oder gerade weil – wir wissen, dass uns vieles trennt, sprechen wir wieder mehr über »uns« und sind uns auf eine vertraute Weise erneut näher gekommen. Das ist für mich ein großes Geschenk.

*Die Seele ist niemals ohne Trost,*
*solange es einen Menschen gibt,*
*für den sie Vertrauen*
*und Verehrung empfindet.*
George Eliot

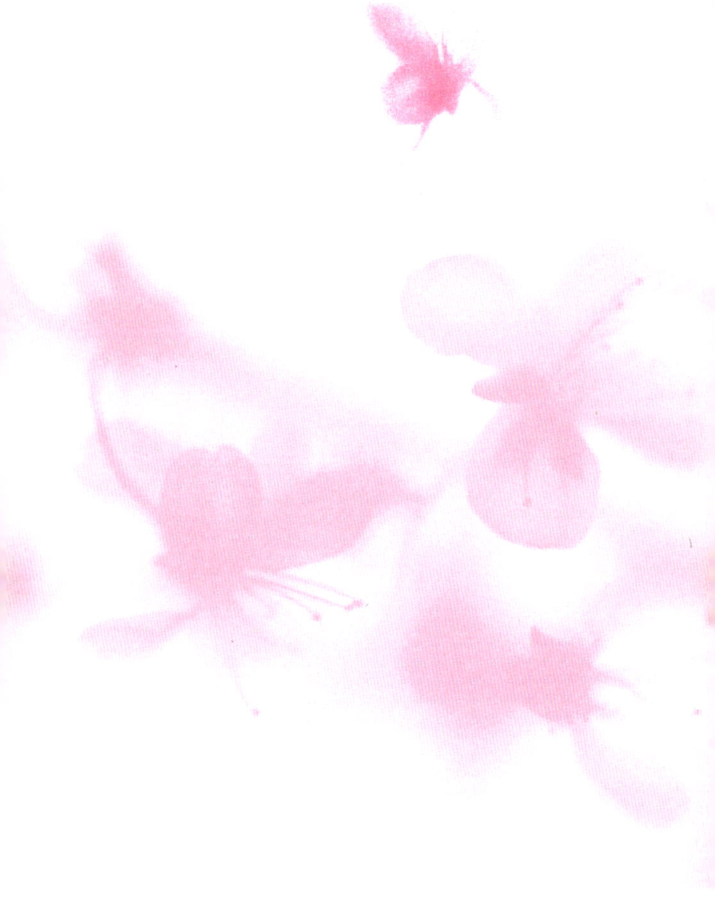

## Quellenverzeichnis

Simone de Beauvoir, Textauszug aus: Memoiren einer Tochter aus gutem Hause, dt. Übersetzung von Eva-Rechel-Mertens, © 1960 by Rowohlt Verlag GmbH, Reinbek bei Hamburg

Joelle Bernard und Maria Ahlbach-Tsagarakis im Gespräch, aus: Ute Katen Seggelke: Freundinnen. Gemeinsam sind wir unschlagbar ..., © 2001 Gerstenberg Verlag, Hildesheim

Gertrud Bielenberg und Käte Bielenberg im Gespräch, aus: Ute Katen Seggelke: Freundinnen. Gemeinsam sind wir unschlagbar ..., © 2001 Gerstenberg Verlag, Hildesheim

Lily Bret, Textauszug aus: Zu sehen, © Suhrkamp Verlag Frankfurt am Main 2000

Simone Buchholz, Warum stoly sein?, in: Herz & Schmerz. Geschichten für Regentage (hg. v. Susanne Frank und Timothy Sonderhüsken), © 2000 Droemersche Verlagsanstalt Th. Knaur Nachf. GmbH & Co. KG, München

Joanne Fedler, Textauszug aus: Weiberabend, für die deutsche Ausgabe © 2008 Droemersche Verlagsanstalt Th. Knaur Nachf. GmbH & Co. KG, München

Janet Flanner, Brief aus: Darlinghissima: Briefe an eine Freundin, © Verlag Antje Kunstmann GmbH, München 1995

Sophie van der Stap, Textauszug aus: Heute bin ich blond, für die deutsche Ausgabe © 2008 Droemersche Verlagsanstalt Th. Knaur Nachf. GmbH & Co. KG, München

Barbara Stoffel-Maia, Brief aus: »Liebe Alice! Liebe Barbara! Briefe an die beste Freundin« von Alice Schwarzer und Barbara Stoffel-Maia, © 2005 by Verlag Kiepenheuer & Witsch GmbH & Co. KG, Köln

Gabriele Tergit, Der Anfang, aus: dies., Frauen und andere Ereignisse. Publizistik und Erzählungen, © Das Neue Berlin, Berlin 2001

Delphine de Vigan, Textauszug aus: No & Ich, für die deutsche Ausgabe © 2009 Droemersche Verlagsanstalt Th. Knaur Nachf. GmbH & Co. KG, München

Christine Weiner, Cornelie, aus: dies., Blöde Kuh! Oder: Warum beste Freundinnen sich trennen und wie sie wieder zueinander finden, © Kreuz, Stuttgart 2003

Unica Zürn, Brief an Ulla Schnell v. 24. August 1957, aus: Unica Zürn, Gesamtausgabe, Bd. 4.2., S. 560-564, © Verlag Brinkmann & Bose 1998

# Impressum

Bibliografische Information: Deutsche Nationalbibliothek
Die Deutsche Nationalbibliothek verzeichnet diese Publikation in der Deutschen Nationalbibliografie; detaillierte bibliografische Daten sind im Internet über http://dnb.d-nb.de abrufbar.



Gesamtgestaltung: Atelier Sibylle Schug, München
Umschlagfoto: Gettyimages/Siri Stafford

Textauswahl und Lektorat: Michaela Schachner, Pattloch Verlag

05 04 03 02 01

ISBN 978-3-629-10491-5

www.pattloch.de